世界哲學家叢書

哈 伯 馬 斯

李 英 明 著

1992

東大圖書公司印行

世界哲學家叢書

© 哈伯馬斯

著　者　李英明
發行人　劉仲文
產著作財權人
總經銷　三民書局股份有限公司
印刷所　東大圖書股份有限公司
　　　地址／臺北市重慶南路一段六十一號二樓
　　　郵撥／〇一〇七一七五——〇號

初版　中華民國七十五年十月
再版　中華民國八十一年九月

編號　E 14010

基本定價　貳元捌角玖分

行政院新聞局登記證局版臺業字第〇一九七號
著作權執照臺內著字第四二六七九號

ISBN 957-19-0143-1 (平裝)

「世界哲學家叢書」總序

　　本叢書的出版計劃原先出於三民書局董事長劉振強先生多年來的構想，曾先向政通提出，並希望我們兩人共同負責主編工作。一九八四年二月底，偉勳應邀訪問香港中文大學哲學系，三月中旬順道來臺，即與政通拜訪劉先生，在三民書局二樓辦公室商談有關叢書出版的初步計劃。我們十分贊同劉先生的構想，認為此套叢書（預計百冊以上）如能順利完成，當是學術文化出版事業的一大創舉與突破，也就當場答應劉先生的誠懇邀請，共同擔任叢書主編。兩人私下也為叢書的計劃討論多次，擬定了「撰稿細則」，以求各書可循的統一規格，尤其在內容上特別要求各書必須包括 (1) 原哲學思想家的生平；(2) 時代背景與社會環境；(3) 思想傳承與改造；(4) 思想特徵及其獨創性；(5) 歷史地位；(6) 對後世的影響（包括歷代對他的評價），以及 (7) 思想的現代意義。

　　作為叢書主編，我們都了解到，以目前極有限的財源、人力與時間，要去完成多達三、四百冊的大規模而齊全的叢書，根本是不可能的事。光就人力一點來說，少數教授學者由於個人的某些困難（如筆債太多之類），不克參加；因此我們曾對較有餘力的簽約作者，暗示過繼續邀請他們多撰一兩本書的可能性。遺憾

的是，此刻在政治上整個中國仍然處於「一分為二」的艱苦狀態，加上馬列教條的種種限制，我們不可能邀請大陸學者參與撰寫工作。不過到目前為止，我們已經獲得八十位以上海內外的學者精英全力支持，包括臺灣、香港、新加坡、澳洲、美國、西德與加拿大七個地區；難得的是，更包括了日本與大韓民國好多位名流學者加入叢書作者的陣容，增加不少叢書的國際光彩。韓國的國際退溪學會也在定期月刊「退溪學界消息」鄭重推薦叢書兩次，我們藉此機會表示謝意。

　　原則上，本叢書應該包括古今中外所有著名的哲學思想家，但是除了財源問題之外也有人才不足的實際困難。就西方哲學來說，一大半作者的專長與興趣都集中在現代哲學部門，反映著我們在近代哲學的專門人才不太充足。再就東方哲學而言，印度哲學部門很難找到適當的專家與作者；至於貫穿整個亞洲思想文化的佛教部門，在中、韓兩國的佛教思想家方面雖有十位左右的作者參加，日本佛教與印度佛教方面卻仍近乎空白。人才與作者最多的是在儒家思想家這個部門，包括中、韓、日三國的儒學發展在內，最能令人滿意。總之，我們尋找叢書作者所遭遇到的這些困難，對於我們有一學術研究的重要啟示（或不如說是警號）：我們在印度思想、日本佛教以及西方哲學方面至今仍無高度的研究成果，我們必須早日設法彌補這些方面的人才缺失，以便提高我們的學術水平。相比之下，鄰邦日本一百多年來已造就了東西方哲學幾乎每一部門的專家學者，足資借鏡，有待我們迎頭趕上。

　　以儒、道、佛三家為主的中國哲學，可以說是傳統中國思想與文化的本有根基，有待我們經過一番批判的繼承與創造的發

展，重新提高它在世界哲學應有的地位。為了解決此一時代課題，我們實有必要重新比較中國哲學與（包括西方與日、韓、印等東方國家在內的）外國哲學的優劣長短，從中設法開闢一條合乎未來中國所需求的哲學理路。我們衷心盼望，本叢書將有助於讀者對此時代課題的深切關注與反思，且有助於中外哲學之間更進一步的交流與會通。

最後，我們應該強調，中國目前雖仍處於「一分為二」的政治局面，但是海峽兩岸的每一知識份子都應具有「文化中國」的共識共認，為了祖國傳統思想與文化的繼往開來承擔一份責任，這也是我們主編「世界哲學家叢書」的一大旨趣。

傅偉勳　韋政通

一九八六年五月四日

自　序

　　寫一本書，　實在是不容易，　尤其是寫有關哈伯馬斯思想的書。

　　研讀哈伯馬斯的著作，已有不算短的時間。但是，好久都不敢寫有關哈伯馬斯的文章或書。這次在老師和朋友的鼓勵和督促之下，才下定決心寫這本書。

　　事實上，在國內已有不少有關哈伯馬斯的精采論文和評介性的文章，此次寫這本書，受這些論文和文章的啓發和幫助甚大；因此，我必須表達我的敬佩和感激之意。

　　這本書所處理的內容，囿於我個人知識能力的限制，必有不少偏失謬誤之處，願就敎於各方高明，並請不吝批評指正，以供來日補正，是所企盼。

　　一個人知識能力和思想水平的發展，本是不斷深化的過程，而其關鍵所在，除了不斷研讀和反思之外，尤須別人的批評。

　　感激所有關愛着我的師友和親人，希望此書的出版，能夠引起他們更想督促我繼續努力的強烈動機。

李　英　明

一九八六年十月一日

哈伯馬斯　目次

第一章 導論: 哈伯馬斯的生平與著作

哈伯馬斯(Jürgen Habermas, 1929-) 一九二九年六月十八日生於德國杜塞爾多夫 (Dusseldorf)，並在古倫梅斯巴赫 (Grummersbach) 長大。他的父親是當地「工業暨貿易局」的主管，而其祖父則是當地一家學院的院長。哈伯馬斯經歷了法西斯主義的興衰，再加上受到戰後紐倫堡大審及一些有關集中營評論性影片的衝擊，心靈傾向於政治化。哈伯馬斯於一九四九年進入哥廷根 (Göttingen) 大學，並於一九五四年完成《絕對者與歷史》(*Das Absolute und die Geschichte*)博士論文。❶

一九五〇年代。哈伯馬斯研究盧卡其 (G. Lukács) 的《歷史與階級意識》(*History and Class Consciousness*) 以及阿多諾 (Theodor W. Adorno) 和霍克海默 (Max Horkheimer) 合著的《啓蒙的辯證》(*Dialectic of Enlightenment*) 兩書，並且深受此兩書的影響。此外，哈伯馬斯更與路威斯 (Karl Löwith) 研究青年馬克思 (Karl Marx, 1818-1883) 和青年黑格爾。❷

---

❶ Adam Kuper & Jessica Kuper, ed., *The Social Science Encyclopedia*. London, Boston & Henley: Routledge & Kegan Paul, 1985, p. 349.

❷ *ibid*, p. 349.

一九六一年至一九六四年，哈伯馬斯曾在海德堡大學 (the University of Heidelberg) 教書，而一九六四年至一九七一年則轉往法蘭克福大學(the University of Frankfurt) 教授哲學和社會學。一九七一年離開法蘭克福大學前往施坦恩堡(Starnberg)主持「普朗克中心」；一九八二年，哈伯馬斯重新返回法蘭克福大學教授哲學和社會學。❸

哈伯馬斯是「法蘭克福學派」(the Frankfurt School)❹第二代中最具影響力的代表人物。他一方面繼續他兩位老師阿多諾和霍克海默以及他的朋友馬庫色(Herbert Marcuse)的批判傳統，而另一方面他也力求超越古典的批判理論，並對當代的哲學和社會理論作出了巨大的貢獻。特別值得一提的是，哈伯馬斯使批判理論向當代西方哲學和社會理論開放，並且促成批判理論與伽達默 (Hans George Gadamer) 詮釋學(hermeneutics)，系統理論與

❸ *ibid*, pp. 349-350.

❹ 「法蘭克福學派」源自於1923年 2 月 3 日在法蘭克福大學成立的「社會研究中心」(Institute of Social Research)，首任主任是葛林柏格 (Carl Grünberg)，着重史學與經濟學的研究，他在1929年中風退休。1930年霍克海默繼任爲主任，着重社會哲學和心理分析的研究，1933年因爲納粹的興起，被迫流亡美國。1950年該中心遷返法蘭克福，開始明顯地以批判理論蔚爲影響德國和歐洲社會思想的思想流派。1970年代開始，法蘭克福學派的影響漸漸地消褪；但是，其基本概念透過哈伯馬斯的思想，仍然獲得了嶄新的意義，並且獲得突破性的發展。
法蘭克福學派的主要成員除了霍克海默之外，尙包括波洛克(Frederick Pollock, 1894-1970)、馬庫色(Herbert Marcuse, 1898-1979)、阿多諾等人，哈伯馬斯屬於「法蘭克福學派」第二代的主要代表人物。請參閱 Tom Bottomore 原著，廖仁義譯，《法蘭克福學派》（臺北：桂冠圖書公司，民國73年12月25日初版），頁1-50。

結構功能主義 (Systems theory and structural functionalism)；
實證的社會科學，分析與語言哲學和認知與道德發展理論的對
話。近年來，他更將這些影響他的思想綜合入他的「溝通行動」
(Communicative action) 中。❺

　　哈伯馬斯一九五五年閱讀《啓蒙的辯證》一書後認爲，阿多
諾和霍克海默正在塑造一種辯證的社會批判理論，於是哈伯馬斯
前往法蘭克福大學的「社會研究中心」，師事阿多諾及霍克海默，
繼續深造研究。在這樣的背景下，哈伯馬斯於一九六二年寫成
他的第一部主要著作《公衆輿論結構的轉變》(*Strukturwandel
der Öffentlichkeit*)。在此書中，哈伯馬斯結合批判理論以及歷史
和經驗性的研究，追溯了「資產階級公共範圍」(bourgeois public
sphere) 的興衰，而且探討它是如何被大衆媒體、科技管理和社
會的非政治化傾向所取代。此外，此書也討論代議民主的問題。
❻

　　哈伯馬斯在海德堡大學和法蘭克福大學教書這個階段，曾經
在一九六一年出版《大學生與政治》(*Student und Politik*)，呼
籲大學改革；此外，並於一九六九年出版《抗議運動與大學政策
》(*Protestbewegung und Hochschulreform*)，繼續關心大學改革
以及批判一九六〇年代的德國學生的暴行。❼

　　值得注意的是，在這段時間，哈伯馬斯也注意理論的建構：

　　(1) 一九六三年出版《理論與實踐》(*Theorie und Praxis*)；

　　(2) 一九六七年出版《社會科學的邏輯論集》，(*Zur Logik*

---

❺ *ibid*, p. 349.

❻ *idem.*

❼ *idem.*

der Sozialwissenschaften)，探討當代有關社會科學邏輯的爭論；

（3）一九六八年出版《知識與人類興趣》（*Erkenntnis und Interesse*），對從康德以降迄今的知識論和批判社會理論作了全面反省；

（4）一九六八年出版《作爲意識型態的技術與科學》（*Technik und Wissenschaft als Ideologie*），反省科技如何成爲意識型態的問題；

（5）一九七〇年出版《勞動、知識與進步》（*Arbeit-Erkenntnis-Fortschritt*）；

（6）一九七一年出版 《哲學政治學論叢》（*Philosophische-Politische Profile*）。❽

在一九七〇年代，哈伯馬斯主持「普朗克中心」，將其心力集中於社會學的研究，並且着手將批判理論重建爲溝通理論。其具體結果首先表現在以下數種研究集中：

（1）一九七一年的《社會理論或社會技術》（*Theorie der Gesellschaft oder Sozialtechnologie*）；

（2）一九七三年的《後期資本主義中的合法性問題》（*Legitimations Probleme in Spätkapitalismus*），探討高度發達的資本主義社會的「合法性」危機問題；

（3）一九七六年的《歷史唯物論的重建》（*Zur Rekonstruktion des Historischen Materialismus*）。在這些著作中，哈伯馬斯批評了馬克思的歷史唯物論，並且企圖建構一種奠基在對溝通行動分析之上的批判理論和哲學理論。❾

---

❽ *idem.*

❾ *idem.*

一九八〇年代，哈伯馬斯傾全力建構溝通行動。一九八一年，他出版了兩卷集的《溝通行動理論》(*Theorie des Kommuni-kativen Handelns*)，企圖為溝通行動的重要性和當代社會理論的合理性問題進行全面的分析。❿

透過以上對哈伯馬斯生命背景的回溯，吾人可以歸納出哈伯馬斯所關懷的問題，主要有以下幾項：

(1) 對傳統知識論(尤其是康德、黑格爾)、實證主義 (Positivism) 知識論、詮釋學 (Hermeneutics) 以及馬克思知識論的反省，進而理出奠立在「哲學人類學」(Philosophical Anthropology)基礎上的知識論，這種知識論認為人類知識之所以可能是奠立在人的自然性、社會性和歷史性的存在結構之上，而且透過人的興趣(Human Interests)──因着人的存在而形成──作為橋樑，才能形成人類的知識；

(2) 對科技以及科技意識 (technocratic consciousness) 的反省，指出科技意識在高度發達的工業社會中，已經成為具有普通形式的意識型態；

(3) 探討在高度發達的工業社會中，由於國家積極介入社會的各層次的運作，所導致的特殊形式的「合法性危機」(Lgeitimation Crisis)問題；

(4) 透過其批判理論(Critical Theory)，反省西方的傳統意識型態觀，並且配合其溝通理論(the Theory of Communication)提出「理想的言談情境」(Ideal Speech Situation)來解消意識型態的問題；

(5) 透過對馬克思歷史唯物論和高度發達的資本主義社會的

<hr>

❿ *ibid*, p. 350.

對照檢查，指出了馬克思歷史唯物論的侷限性。

　　哈伯馬斯所塑造出來的批判理論和溝通理論，是當代社會、政治和哲學理論的重大主流；況且，他的思想還在發展之中，我們正視他的思想，不但對於反省當代西方社會的種種問題，有莫大的助益，而且，對於我們批判超越馬克思主義也將有莫大的啓發。

　　最後，要特別強調的是，哈伯馬斯的思想，基本上是在肯定啓蒙的理性傳統而形成的。而且，他所論述的「理想的言談情境」，儼然是以理想的民主社會生活爲藍本，再加上哈伯馬斯曾努力地批判了馬克思的歷史唯物論；因此，我們可以說，哈伯馬斯的知識企圖心乃在於超越馬克思主義，而事實上，他在對馬克思歷史唯物論以及意識型態類等思想的批判中，着實已經做到了這一點。我們絕不可因爲他從學術層面廣泛而深入的討論馬克思思想，而簡單地認爲他是馬克思主義者，我們所必須注意到的是他對馬克思思想的反省與批判，以便深化我們超越馬克思主義的知識深度。

第二章　哈伯馬斯的知識理論

　　哈伯馬斯的知識理論的建構，最主要是表現在其《知識與人類興趣》(*Knowledge and Human Interests*) 一書中。在此書中，哈伯馬斯首先透過對黑格爾、康德和馬克思知識理論的反省，進而從哲學人類學 (philosophical anthropology) 的角度認爲，相對應於人類的技術興趣 (technical interest)、實踐興趣 (practical interest) 和解放興趣 (emancipatory interest)，人類會形成「經驗──分析」的 (empirical-analytical)、「歷史──詮釋」的 (historical-hermeneutic) 和「批判」的 (critical) 知識。

　　哈伯馬斯在提出上述三種知識的同時，也針對實證主義(positivism)、詮釋學和心理分析進行反省。因此，哈伯馬斯這一套知識理論可以說是奠基於對德國古典哲學的反省，從而面對近代、當代整個知識理論的龐大理論系統。

　　自從十七世紀以來，西方哲學史上發生了理性論和經驗論的爭論。圍繞着這個爭論的核心就是知識的來源及其可靠性的問題。經驗論者以感覺經驗作爲人類知識的根源和最終保證；而理性論者則認爲人類的心靈認知能力才是人類知識形成的唯一憑藉和保證。就由於如此，經驗論者認爲透過經驗歸納所建立起來的綜合判斷的知識才是眞知識，而理性論者則認爲根據抽象思維原則所建立的分析判斷的知識才是眞知識。簡單而言，雙方各偏於

主體或客體，從而聚訟不休，並且無法解決思維到底如何與存在連結在一起的問題。針對這種爭論不休的知識論爭論，休謨（David Hume, 1711-1776）起而指出理性論和經驗論雙方知識論的不足之處。休謨認為，經驗論所賴以主張綜合判斷、經驗歸納的知識才是真知識的憑藉是所謂大自然界的因果秩序，在他看來，大自然界根本不存在這種為人類理性所能掌握的因果秩序，所謂因果秩序的形成，只不過是人們心理習慣所使然。這也就是說，人們的經驗總是有限的，人們憑什麼依據有限的經驗歸納來論斷未來呢？亦即，我們雖然直至目前為止都看到太陽都是從東邊出來，但是我們不能保證明天太陽一定從東方出來。此外，休謨認為，理性論所賴以主張分析判斷的知識才是真知識的憑藉是所謂不證自明的理性思維原則；這種說法根本上是一種獨斷的說法。就由於休謨對經驗論和理性論有關知識的理論都進行批評和懷疑，從而陷入了懷疑論中。

人類在其歷史發展過程中，已經建構了許多能夠有效被應用的知識，這是不容置疑的事情。而為什麼經過休謨的批評和懷疑，我們不管從經驗論或理性論，似乎都不能說明這些知識如何可能的問題；由此，吾人必須正視經驗論和理性論有關知識論的不足之處，從雙方面爭論的漩渦中超越出來，重新為知識（尤其是自然科學）如何可能的問題，建構一套完整的知識理論。而康德在西方哲學史上所扮演的就是這種企圖從休謨懷疑論中，拯救西方知識論的歷史性角色。就由於如此，康德知識論的最大特色就是對經驗論與理性論之知識理論的綜合與深化。❶

---

❶ 黃振華著，《康德哲學論文集》，臺北：立鍾文具印刷有限公司，1976 年初版，頁1。

　　康德（Immanuel Kant, 1724-1804）認爲，人類知識（尤其是自然科學）之所以可能，最主要是靠兩方面的因素來促成。其一是外物作用於吾人感官所引起的感覺經驗；其二是吾人的先天認知能力。❷ 而這兩因素的關係是，在人的認識活動過程中，吾人會運用先天的認知能力去整理感覺經驗，從而形成具有普遍有效性的科學知識。在康德看來，當外物作用於吾人感官時，它首先必須經過吾人先天的感性直觀形式：時間和空間的整理，才能形成一定的感性對象；而後，再經過吾人先天的悟性思維形式（範疇）的綜合統一，普遍有效的科學知識於焉形成。這也就是說，悟性扮演一種爲自然立法的角色，而後人類知識才有可能。❸康德認爲，人類的一切知識都是從經驗開始，但是知識的普遍性和必然性並不是來自經驗，而是來自吾人先天的悟性能力。休謨對於因果必然秩序的批評，以及對於普遍必然知識的懷疑，就是因爲他根本不瞭解吾人可以運用先天的因果性範疇去綜合統一感性對象。

　　康德一方面釐清了「（科學）知識如何可能」的問題，而另一方面也承認透過吾人的先天的感性、悟性認知能力，只能掌握表象世界的知識，對於道德（實踐）世界是無能爲力的。亦卽，透過吾人先天的感性、悟性認知能力的運作，吾人充其量只知道「我們能知道什麼？」，而不能知道「我們應當做什麼？」或者「我們應當如何行爲？」因此，我們從康德的知識論中可以清楚地看到對於啓蒙運動知行觀的批評。依照啓蒙的看法，吾人只

---

❷ 朱德生、冒從虎、雷永生著，《西方認識論史綱》，江蘇：人民出版社，1983 年 10 月第 1 版，頁257。

❸ 同上書，頁264〜265。

要得到有關外在世界的正確知識，吾人就可據以應用來改善人類社會，並且作爲吾人行爲的準則，如此一來，吾人整體的社會生活實踐就被化約爲知識或技術的應用。

哈伯馬斯認爲，康德在爲科學知識「定位」，使其不致於逾位作不適當的誇大作用方面是貢獻很大的；亦卽，在康德手中，並沒有因爲其將科學知識奠立在主體的先天認知能力的基礎上，從而將人類整體的生活實踐化約爲知識或技術的應用，並且忽略了人的反省能力和實踐理性。但是，哈伯馬斯認爲，康德是採取後設批判（meta-critique）的方式來爲知識之所以可能進行定位的工作，這基本上是一種把當時科學知識（主要是牛頓力學）絕對化，從而推論出超時間（timeless）而且非歷史的（ahistorical）認知主體的作法。❹ 這種作法含有某種程度的獨斷性，因爲這個被預設的先天的認知主體是超越批判的，這樣一來，其中就隱含了一個重大的問題：這個作爲後設批判判準的認知主體的保證何在？而且，康德雖然指出先天的認知主體是先於經驗而作用於經驗並使經驗成爲可能的根據，這顯示康德已經認識到先天的認知主體的作用和意義是因着人的存在，進行感覺經驗才顯現出來的。但是，康德並沒有進一步從人的現實存在結構，說明人類的知識是如何因着人的現實存在而形成的。

就因爲康德的知識論存在着以上的許多問題，哈伯馬斯認爲，這就爲黑格爾(Georg Wilhelm Hegel, 1770-1831)企圖超越康德知識論打開了方便之門。而黑格爾對康德知識論的批判，最

---

❹ Jürgen Habermas, *Knowledge and Human Interests*. tr. by Jeremy J. Shapiro. 臺北：唐山出版社，1982 年，pp. 4-5, 13-14, **67.**

主要是表現在其《精神現象學》（*Phenomenology of mind*）中。
哈伯馬斯認為，黑格爾是從以下幾個角度來批評康德的：

　　其一，康德將牛頓力學典型化，將其視為人類知識的典範，
並藉以推論出先天的認知主體，這一方面固然表示康德認為具有
普遍、必然性的知識之「客觀性」是要以先天的認知主體為根
據，從而使人們成為駕馭科學的主體；但是，在另一方面，康德
將牛頓力學絕對化，事實上，就會在沒有歷史意識的情況下，不
但使人們的理性反省批判能力喪失殆盡，而且使人們又變得很難
成為駕馭科學的主體。亦即，康德只是偏於替牛頓力學如何可能
進行合理化的解釋，從而忽略了以歷史意識為基礎的理性反省批
判能力的作用。❺

　　亦即，康德將牛頓力學絕對化，這基本上是將真理看成是靜
止不動的、僵化的肯定的東西，而且忽略了謬誤在知識發展過程
中的地位和作用。對黑格爾而言，科學只是人類邁向絕對知識過
程中的一個暫時環節而已，而且在整個科學知識的發展過程中，
牛頓力學也只是其中的一個暫時典範而已。❻

　　其二，康德預設了一個具有規範性（normative）——為自然
立法——的完全的認知主體。這個認知主體是非歷史，而且是超
時間的。黑格爾認為，這種看法忽略了人類認知能力是具有歷史
侷限性的。❼

　　在哈伯馬斯看來，黑格爾認為，康德在談人的認識活動時，
基本上是在預設人與外在世界的關係只是認識論的關係下來進行

---

❺ *ibid.*, pp. 14-15.

❻ *ibid.*, pp. 13-18.

❼ *ibid.*, pp. 15-16.

的。黑格爾認為，人的認識活動只是人的整體的生活實踐活動的一個環節，人是首先作為一個實踐主體，而後才成為認識主體的。亦即只有把實踐（praxis）引入認識論，把認識與實踐結合起來，才不會犯了孤立地看待人的認識活動的錯誤。而就由於人的認識活動是在人的整體生活實踐中進行的；因此，人的認識活動是必須要以對生命經驗的反省作為中介，然後才能持續下去的；否則，人會固步自封，陷入獨斷的謬誤之中。總而言之，在黑格爾看來，絕不能把認知主體看作是某種獨立的實體，而必須從整體的人的角度以及從人的歷史發展來考察人的認識活動。

論述了黑格爾如何企圖超越康德的知識論後，哈伯馬斯進一步討論馬克思（Karl Marx, 1818-1883）如何在批判繼承黑格爾與費爾巴哈的知識論中，建構自己的知識論。

馬克思對黑格爾、費爾巴哈的知識論同時進行批判反省的重要著作是其《一八四四年經濟學哲學手稿》（以下簡稱《手稿》）。此《手稿》的最後一部分雖只題為「對黑格爾的辯證法和整個哲學的批判」，但其中一開始便是對費爾巴哈思想的評估和反省。因此，哈伯馬斯談馬克思對黑格爾、費爾巴哈知識論的批判與反省時，也是從此《手稿》談起。❽

馬克思在《手稿》最後一部分，首先肯定費爾巴哈思想的成就後（筆者在行文後面會配合《關於費爾巴哈的提綱》和《德意志意識型態》來討論馬克思對費爾巴哈知識論的看法，在此先不贅述），才進一步繼續論述了他對整個黑格爾哲學的看法。

馬克思認為，黑格爾的《百科全書》以邏輯學，以純粹的思辯的思想開始，而以絕對知識即超人的抽象精神結束；而《精神

---

❽ *ibid.*, p. 5.

現象學》將人的本質和自我意識等同起來，因此，人的本質的一切異化都不過是自我意識的異化。馬克思認為，黑格爾這些看法有其正確之處：❾

（1）將人的生命表現與勞動結合起來——黑格爾將（抽象的、精神的）勞動看作人的本質，或人的自我確證的本質；

（2）將人的生命表現看成是辯證發展的過程——黑格爾在作為推動原則和創造原則的否定性辯證法的主導下，將人的自我產生看作一個過程，亦即看作抽象的、精神的外化和這種外化的揚棄過程。

可是，馬克思認為，就在黑格爾哲學的正確中，也蘊含了其錯誤之處：❿

（1）沒有看出勞動造成異化的一面——黑格爾只看到勞動作為人的本質確證的積極面，而沒有看到它造成人的異化的消極面；

（2）違背自然主義的原則——自然界在黑格爾的哲學體系中，只是被當作抽象的思維來理解，因而喪失了其獨立實在性；

（3）對於人的異化了解錯誤——儘管《精神現象學》緊緊抓住了人的異化，其中隱藏着批判的要素，但是，由於黑格爾將人僅僅表現為自我意識，而外在對象僅僅表現為抽象的意識，因此，在《現象學》中出現的異化的各種不同形式，不過是意識和自我意識的不同形式而已；

（4）將人的異化的歷史看成是抽象的——黑格爾對於現實世

---

❾ 中共中央馬克思、恩格斯、列寧、斯大林著作編譯局譯，《馬克思恩格斯全集》第四十二卷，北平：人民出版社，1979 年 9 月，頁 163.

❿ 同上書，頁 161-162.

界的觀察，雖然把財富、國家權力等看成同人的本質相異化的東西，但這只是就它們的思想形式而言，因而只是純粹的即抽象的哲學思維的異化；換言之，在黑格爾的哲學體系中，全部外化歷史和外化的整個復歸，不過是抽象的、絕對的、思維的生產史──亦即邏輯的、思辯的、思維生產史，因此，黑格爾的哲學體系，充其量只是虛假的（唯心的）實證主義，無法說明現實世界的眞象。

在作完對黑格爾哲學體系總的批評後，馬克思乃將其箭頭針對《精神現象學》的最後一章──絕對知識，馬克思認爲這一章概括地闡述了《精神現象學》的精神，以及同思辯的辯證法的關係，同時也概括地闡述了黑格爾對這兩者及其相互關係的理解。

馬克思認爲「絕對知識」這一章的重點，在於證明意識的對象無非就是自我意識，或者說，對象不過是對象化的自我意識，作爲對象的自我意識；因此，黑格爾所要解決的問題便在於揚棄意識的對象，職是，在「絕對知識」這一章中，人被看成是非對象性的，唯靈論的存在物。

馬克思把「絕對知識」這一章中關於意識的對象的揚棄概括爲六點：❶

(1) 外在對象是自我意識的外化，它本身的這種被性質決定它是要被揚棄的；

(2) 自我意識的外化就是要設定設立自己的外在存在或物性；

(3) 外化是自我意識對自己的否定，也是對物性的規定，因此兼具有肯定和否定的作用；

❶ 同上書，頁 165-166.

（4）外化對外在存在或物性而言，具有客觀意義；而對人的認識來說具有主觀的意義；

（5）外在對象既然是由自我意識的外化而建立起來的，自我意識便有力量來揚棄它，亦卽，對象與自我意識具有不可分割的統一性，這是由自我意識的自覺活動決定了的；

（6）自我意識能夠揚棄外化的對象並又回到自身，因此，自我意識在外化的對象中也就是在自己自身之中。

馬克思在概括了此六點後，緊接着針對外在對象是自我意識的外化和揚棄等兩方面來加以批判。

馬克思認爲通過自我意識外化所設定的只是抽象的物性，而不是獨立的、實質的東西。馬克思認爲這種看法不符合人在自然界中，與自然界互動的眞象，要瞭解這種眞象，唯有從自然主義來加以把握。

馬克思認爲人直接地是自然存在物，一方面具有自然力、生命力，是能動的自然存在物；這些力量作爲天賦、才能和慾望存在於人身上；而另一方面，人作爲肉體的、感性的、對象的存在物，和其他動植物一樣，是受動的、受制約的和受限制的存在物，換言之，作爲人的慾望的對象是不依賴於人的獨立存在物；但這些對象是人的需要的對象，是表現和確證人的本質力量所不可缺少的、重要的對象，這也就等於說，人只有憑藉現實的、感性的對象才能表現自己的生命。❷

馬克思認爲，依照「絕對知識」這一章的看法，人變成非對象性的、唯靈論的存在物，因爲在這種詮釋之下，人除了自身之外沒有自己的自然界，這是一種非現實的、非感性的，只是思想

----

❷ 同上書，頁 167–169.

上，亦卽只是虛構出來的存在物，是抽象的東西。總而言之，馬克思認爲在黑格爾關於意識運動的論述中，滙集了一切思辯的幻想，他把意識思維直接冒充於感性、現實和生命，把精神的世界冒充爲眞實的世界，而眞實的世界反而成爲虛幻的非存在物，人變成爲非人。

有了以上對黑格爾唯心論的批評作基礎，馬克思進一步考察黑格爾辯證法的積極環節——揚棄概念 。 馬克思認爲， 關於揚棄，對黑格爾來說，是「使外化返囘到自身的、對象性的運動。」⑬但是黑格爾用它來說明自我意識的發展演變，便使得揚棄概念神秘化了。揚棄是黑格爾異化理論的一個必要的前提（或中介），它表明了自我意識形式的、抽象的、絕對的對象性運動，而此運動在抽象形式上，作爲辯證法，被黑格爾當成是眞正人的生命。但是，馬克思認爲，這種自我意識的對象性運動，主體並不是人而是神，更確切地說，不是一般的神，而是思辯式的神——卽絕對精神，因此，自我意識的對象性運動，並不能眞實地表明人的生命發展過程。

馬克思認爲，黑格爾在其神靈的辯證法中以爲是從無，從純抽象中創造出來的那些本質，事實上，無非就是自然界諸規定的抽象；因此，對黑格爾來說，整個自然界不過是在感性的、外在的形式下重覆邏輯的抽象而已。換言之，黑格爾是用自然界來爲他的邏輯作論證， 而不是用邏輯來爲自然界作論證， 再推論下去，黑格爾所揚棄的存在，並不是現實的宗教、國家、自然界，而是已經成爲知識的對象，如教義學、法學、國家學和自然科學等，因此，黑格爾的揚棄概念和思辯式的辯證法，並不能說明現

⑬ 同上書，頁174.

實世界、國家、社會和自然界演變發展的眞象。❶

不過，馬克思也認爲，如果剝去黑格爾辯證法的思辯外衣，它可以很眞切地告訴人們，關於萬事萬物發展過程的辯證性質和內在聯繫的高見。

在寫完《手稿》之後的同年（1844 年）十一月，馬克思又寫出有關〈黑格爾精神現象學的結構〉筆記，針對黑格爾《精神現象學》的主要觀點，提出四點批判意見：❶

（1）對人的看法錯誤──黑格爾顚倒主客體的關係，將人變成是與自我意識等同的人，違背了人是自然存在物這個事實；

（2）能夠透過事物的內在聯繫來把握事物的發展；

（3）忽略客觀世界的獨立性──黑格爾將對象視爲是思想外化出來的東西，抹煞了客觀世界的眞實獨立性，而費爾巴哈曾針對此點給予嚴肅的批評和糾正；

（4）忽視具體的勞動實踐的重要性──黑格爾光憑自我意識無法揚棄客觀對象，而只有透過人的實踐活動才能揚棄客觀對象，即改造客觀世界。

哈伯馬斯認爲，馬克思這套看法很明顯地是基於哲學人類學（philosophical anthropology）的考慮而建構起來的。在馬克思看來，人怎樣存在，他之認識活動就是怎樣發展。亦即，馬克思是從人的存在結構來說明人的認識活動是如何發展的，而其中的關鍵處就是，馬克思以（社會性）勞動來體現人的存在，並且將人的認識活動納入以（社會性）勞動爲中介的存在過程中來。

不過，哈伯馬斯認爲，雖然馬克思企圖以（社會性）勞動作

---

❶ 同❸。

❶ 同上書，頁 237.

為中介建立其「人崋」體系；但是，馬克思所謂的（社會性）勞動是一種工具性勞動，它所着重的是如何改造、利用對象，以為己用；因此，馬克思儘管已經意識到人的勞動是社會性的；但是，事實上，馬克思是將人的整體的社會溝通互動化約為工具性的（社會性）勞動。此外，馬克思深受工業革命及自然科學發展的影響，他基本上（尤其是 1860 年代以後）是把人的自我反省能力的作用置於對外在世界規律的認識與掌握之後；亦即，在馬克思強調工具性勞動在人們生命實踐的優位的同時，人的自我反省能力就被化約掉或置於對外在世界的認識和改造勞動之後。⓰

在哈伯馬斯看來，馬克思反對黑格爾的心靈化約主義，這當然具有相當程度的意義；但是，馬克思本身却因為透過哲學人類學的角度對工業革命進行思考，從而掉入工具性勞動的化約主義的漩渦中，這事實上與孔德、馬赫(E. Mach)等實證主義者對人的看法，並沒有什麼兩樣。亦即，馬克思儘管基於對黑格爾、費爾巴哈的反省，主張應該聯繫人的具體歷史性和社會性來理解人的認識活動，但是，由於他沒有擺脫把科學知識絕對化的影響，從而使他犯了與實證主義同樣的錯誤，忽略了人們的自我反省能力的意義和作用。⓱

⓰ Jürgen Habermas, *Knowledge and Human Interests.* tr. by Jeremy J. Shapiro. pp. 43-44.

⓱ 許多批評者認為，哈伯馬斯與霍克海默 (Max Horkheimer, 1895-1973) 等一樣，並沒有嚴格區分不同實證論者之間的差別。參閱 Hans Albert, "A Short Surprised Postscript to a Long Introduction", in Glyn Adey & David Frisby tr. & ed., *The Positivist Dispute in German Sociology.* New York, Hagerstown, San Francisco, London: Harper & Row, Publishers, pp. 283-287. 並另請參閱 Tom Bottomore 著，廖仁義譯，《法蘭克福學派》，臺北：桂冠圖書公司，民國七十三年十二月二十五日初版，頁78。

　　哈伯馬斯認爲，要探討人類知識是如何可能的問題，必須從哲學人類學的角度，從人的存在結構來思考人類知識的建構。康德從肯定普遍客觀的知識（牛頓力學和數學）之存在是旣與的事實，進而推論一切普遍客觀的知識必須是先天的，❶ 以及證明先天概念作爲普遍客觀知識可能之先天條件之「合法性」，❶ 哈氏認爲，這基本上是一種循環論證的作法，而黑格爾雖然已經把實踐（praxis）納入認識論中，從而將人首先視爲實踐的主體；但是，黑格爾的心靈化約主義，却將人的生命實踐化約爲精神勞動，從而沒有聯繫人的具體自然性和社會性來理解人的存在結構。至於馬克思，他雖然懂得從哲學人類學的角度來思考人的認識活動，但是他把人的整體生命實踐化約爲工具性的勞動，這仍然不但不足以呈現人存在的整體層面（除了勞動外，還有互動或溝通），而且也無法掌握人的完整的認識活動。

　　按照馬克思哲學的觀點，實踐是人的對象性活動，而其最基本的特徵是其工具性。由於工具的製造和使用，不但使人和對象世界發生對立的辯證統一的深刻關係，而且也標誌了人類生命實踐和動物的自然生命活動的最根本區別，人類文明的發展和演變，首先是通過工具在世代中傳遞和改進來實現的，工具的變革同時也會帶來生活方式、型態和包括認識活動在內的整個精神生活的變革。因此，在馬克思手中，由於強調工具性勞動的優位，乃使得作爲人類生活最基本中介的溝通互動，以及語言文字和符號系統受到忽略。

　　基於以上的反省，哈伯馬斯主張必須把人類認識看做是「自

---

❶　黃振華，前揭書，頁 101-103.

❶　同上書，頁 113.

己構成自己」的實踐過程——亦卽把人類認識當作是在人類社會生活過程中表現出來的。

在哈伯馬斯看來，人之所以成其爲人，乃是透過勞動、互動或溝通來完成的。如何延續生命是人之所以能夠成其爲人的第一要義；因此，如何通過對大自然界進行有目的的工具性的生產生活的生命勞動，便成爲人類生活實踐的第一個層次；而哈伯馬斯也像馬克思在《手稿》中的看法一樣認爲，人要作爲人來存在，除了要以自然界爲憑藉，並與之形成一而二，二而一的（經由勞動）統一的關係外，更在於人把自己和自然界統一在人的世界——社會之中。這也就是說，人作爲自然存在雖然是人作爲社會存在的必要前提，但是，人的社會存在又是人的自然存在的必要條件，作爲一個現實的人、活生生的人，生命是在人的自然存在和社會存在交叉作用下來完成的。亦卽，在哈伯馬斯看來，人在現實世界中表現其生命力，是在社會中完成的，因爲人作爲人存在，並不是單獨的存在，而是「他爲別人的存在和別人爲他的存在」；職是，如何在現實世界中進行與別人的溝通互動，便成爲人類生活實踐的第二個層次。

馬克思在《手稿》中，從哲學人類學角度去思考人如何存在時，只着重人存在的「理性事實」面；因此，馬克思在談完人是自然存在、社會存在後，緊接着就談類存在。透過類存在這個概念，馬克思在《手稿》中強調人應該是一個能夠在目的意識關照下，不斷透過實踐，確證自己生命的存在。而馬克思在《手稿》中根據這套人學體系所批判的社會現象，最主要就是體現在人的異化勞動過程中的社會宰制現象——簡言之，就是人無法成爲獨立自主的存在。因此，就馬克思而言，他認爲現實社會的宰制現

象是因着歷史而形成的，而這種現象是造成現實資本主義社會衝突以及社會變遷的最根本原因，職是，社會宰制現象以及促成此現象的私有制和僱佣關係就成爲社會批判的必要對象。

　　哈伯馬斯從哲學人類學角度思考人如何存在時，着重的是人存在的「現實事實」面；因此，哈伯馬斯在談完人必須從事勞動、互動或溝通後，緊接着就談由勞動、互動或溝通所孳生出來的社會宰制層面。哈伯馬斯認爲，根植於這三種人存在的層面，人會有三種作爲生活動機的興趣（interests）：技術的興趣（technical interest）、實踐的興趣（practical interest）以及解放的興趣（emancipatory interest）。而人是在技術興趣的主導下從事工具性勞動的，其結果便會形成以自然爲認知對象的經驗分析的學問（empirical-analytical sciences）；至於人從事互動或溝通，是在實踐興趣的主導下形成的，其結果便是會形成以「瞭解」爲認知對象的歷史的詮釋的學問（historical-hermeneutic sciences）；此外，人會在解放興趣的主導下，從事解除社會宰制的活動，而其結果便會形成人如何去掌握社會的批判學問（critical sciences）。❷⓪就因爲哈伯馬斯是從人的存在結構，從人的社會生活來分析人類知識的形成，因此，哈伯馬斯認爲知識論必須同時也是社會理論。換句話說，哈伯馬斯在解決人的知識如何同客觀現實保持一致的知識論的問題時，並沒有從主客體的關係來論述，這就根本跳出傳統經驗主義和理性主義知識論的窠臼，並且從人的生存結構和社會生活給知識論注入新的面貌。亦卽，傳統經驗主義和先驗主義的知識論卻只是一種沒有聯繫人的具體社會性和歷史性的

---

❷⓪ Thomas McCarthy, *The Critical Theory of Jürgen Habermas.* 臺北：唐山出版社，1985 年，pp. 55-60.

純知識論而已。

　　哈伯馬斯認爲，作爲人類生活動機的興趣，它不但是因着人的存在而形成，而且又能對人的社會生活三層次進行主導的作用；因此，它並不是純粹先驗的 (transcendental)，而只是準先驗的 (quasi-transcendental)。亦卽，作爲理論和實踐之中介的興趣，並不是吾人所具有的先天機能，它是以人的存在爲先決條件，而且是在人的存在過程中很自然的形成的，因此只對人的社會生活世界有效，並只適用於社會生活世界。㉑

　　哈伯馬斯雖然着重在批判理論的闡揚，但是，他並不是反對經驗分析性的以及歷史詮釋性的知識，因爲，哈伯馬斯希望給予經驗分析性的知識適當定位，從而不會因爲惑於經驗分析性知識的成就產生科學主義的心態，並且忘記在從事社會研究時，應該關懷人文的問題。有關哈伯馬斯對科學主義的批評，筆者在哈伯馬斯對意識型態 (ideology) 的反省與批判一章中會有所論述，此處先對哈伯馬斯有關科學主義的批評作初步的申論。

　　哈伯馬斯認爲科學主義最大的特點，就是主張：必須以類似自然科學那樣的科學方法——觀察和實驗的採集資料方法、定量分析和數學分析模型等，來使社會研究科學化，透過這樣的方法所得到的知識是唯一的知識。科學主義的直接結果就是社會研究的數學化和方法論至上主義，而數學化和方法論至上主義對社會研究的最大傷害就是抽象的經驗主義(abstract empiricism)——亦卽研究者所關心的只是如何去遷就數學統計模型和所堅持的方法，從而忘了社會研究中的人文價值問題。

㉑ *ibid.*, pp. 59–60; Jürgen Habermas, *Knowledge and Human Interests*. tr. by Jeremy J. Shapiro, pp. 196–198.

　　這種科學主義的基本預設，首先就是把社會自然化(Natura-lization)，並且形成自然主義的社會觀 (Naturalistic view of society)，而所謂把社會自然化，就是把社會事件和現象視爲旣予的事實，從而使社會或人物化了 (reified)；其次，就因爲已經把社會自然化了，於是就會把外在社會世界當成是知識的來源以及眞理的最終保證，從而形成客觀主義 (objectivism) 的心態，在這種心態的主導下，不但會導致「客體宰制」(object-dominate) 以及「主體獨立」(subject-independent) 現象的出現，而且會抹煞、忽略人的反省能力的作用和意義。❷

　　哈伯馬斯認爲，光就人的存在結構來談經驗分析的知識，它本身是秉負着人的技術興趣而形成的；因此，經驗分析知識從本質上而言，根本就不可能是一種「主體獨立」的知識；此外，科學主義者很容易會有偏頗的科技意識(technocratic consciousness)，這種意識會把從科學方法所得到的知識和技術視爲解決社會問題的萬靈丹，從而將人們的整體社會生活實踐化約爲知識或技術應用的問題。❷亦即科學主義混淆了人的實踐和技術這兩個不可化約的社會生活層次，從而忽略了人的反省能力的重要性。

　　事實上，對實證主義或科學主義的批判，早在十九世紀末，就以狄爾泰 (Wilhelm Dilthey, 1833-1911) 爲開端，逐漸蔚爲一股潮流。狄爾泰深受康德的影響，康德企圖將自然科學知識奠立在人的先天認知能力的基礎上，而狄爾泰也想要解決「精神科

---

❷ Russell Keat, *The Politics of Social Theory: Habermas, Freud and the Critique of Positivism*. 臺北: 雙葉書廊, 1985 年, pp. 4-5.

❷ 黃瑞棋,〈法蘭克福學派簡述〉, 收編於《中國大陸研究教學參考資料》第七期, 臺北: 中央文工會, 民國七十二年二月, 頁 70-71.

學」(Geisteswissen Schaften) 如何可能的問題，從而企圖透過對「歷史理性」(historicle vernunft) 的批判，爲精神科學作知識論的奠基工作。狄爾泰認爲精神科學是有關於人的知識，是以人的「社會性──歷史性實在」作爲研究對象的知識，❷而其之所以可能乃在於人認識自己以及自己所創造的社會和歷史的能力（此即人的「歷史理性」）。在狄爾泰看來，透過對人類「歷史理性」的反省、釐清，精神科學也可以成爲普遍有效的客觀知識。狄爾泰認爲，人是歷史的存在物，人的生命的整體性是在歷史中顯現出來的；因此，人要瞭解人或自我瞭解必須通過歷史才有可能。亦即，就因爲人的生命是具有歷史性 (historicality) 的，人必須透過對過去不斷的解釋(interpretation) 和理解 (understanding)，然後人才有可能將過去與現在和未來連貫起來，而在這種意義下人也是一種詮釋學的 (hermeneutical) 存在，而詮釋學必須成爲有關人的研究的基礎。簡言之，在狄爾泰看來，人之所以是歷史的存在物，除了人的生命是一種發展過程外，最主要是可以人的歷史理性作爲中介，經過釋義，跨越時空距離，去認識過去，掌握歷史，進而爲現在以及未來的生命奠立了發展的基礎。❷但是，吾人是處於目前的情況(situation)和脈絡(context)中來解釋和理解過去，很容易會陷入歷史相對主義(historical relativism)的漩渦之中，如何避免歷史相對主義呢？狄爾泰透過「移情」(empathy) 這個概念來化解這個矛盾。他認爲，人們可以透過設

---

❷ 張旺山，〈狄爾泰的《歷史理性批判》之研究〉，臺北：國立臺灣大學哲學研究所碩士論文，民國七十三年，頁 96.

❷ 張汝倫，〈理解：歷史性和語言性──哲學釋義學簡述〉，《復旦學報》(社會科學版)，1984年第六期，頁 37.

身處地理解對象的環境，忘却自己的個性，從而進入對象的生命世界中去把握對象，如此一來，人們就可以得到客觀、正確的理解和知識。

透過以上的論述可知，狄爾泰已經指出，精神科學是以作爲歷史存在的人以及由人所形成的社會系統作爲研究的對象，這種對象與自然科學的研究對象是不同的，因爲其具有歷史性和社會性，亦卽，精神科學的研究對象是不能被自然化和物化的，他們是在歷史中形成的有意義的存在，他們與研究者之間會形成交互主觀的符號意義的相互作用的關係。而研究者對其對象的研究，並不是一種置身於對象之外的研究，他們彼此之間同樣都是置身於人類生命發展的歷史之流中；因此，研究者的研究，**事實上是對人過去從而也是對自身的釋義和理解**；如此一來，透過這樣的**釋義和理解**，人可以承續過去，活在現在、面對未來，從而使生命連成一氣。亦卽，在狄爾泰看來，精神科學知識並不是一種純粹的、孤立的，可以被應用來解決問題的符號系統，精神科學知識是人對歷史的理解，是人整體生命實踐的符號系統式的體現。

哈伯馬斯認爲，狄爾泰比康德更進一步地指出，精神科學之可以可能的基礎；而且，狄爾泰把精神科學的發展和形構的主體，奠立在人類本身的生命實踐上，從而解消了實證主義者把人和社會自然化、物化，從而抹煞人主體生命實踐在有關人和社會研究中作用的錯誤。但是，狄爾泰企圖使精神科學成爲一種具有普遍必然性的知識，從而強調人可以透過移情作用，客觀、正確地去掌握對象的生命世界，這基本上仍然未跳出實證主義陰影的束縛；也因爲如此，狄爾泰的思想也仍然具有描述主義（descripticism）和客體主義（objectivism）的成分。此外，狄爾泰雖然強調

透過移情作用，可以得到有關對象的客觀知識，這事實上是狄爾泰獨斷的看法，在這種獨斷的看法下，根本解決不了歷史相對主義(historical relativism) 的苦惱——研究者的歷史侷限性是無法消除的。㉖

儘管，哈伯馬斯認爲，狄爾泰思想仍然具有實證主義的成分；但是，他認爲詮釋學對於經驗分析知識的客體主義的批評，畢竟是進了一步。於是，哈伯馬斯進而企圖借重伽達默 (Hans-Georg Gadamer) 在《眞理與方法》(*Truth and Method*) 一書中所表現出來的詮釋學思想來批評社會科學中的客體主義。

伽達默承繼海德格 (Heidegger) 的詮釋學思想。在海德格手中，詮釋學已經從方法論和認識論的層次，變成爲本體論的層次。在海德格看來，理解是人的存在和生活的本體基礎，它是人之所以成其爲人的根本所在。伽達默承繼海德格這種看法認爲，理解是人的生命得以確證，生活得以發展的基本因素。而哲學詮釋學的目的，乃在於對理解的分析，使詮釋學成爲一切知識的基礎。㉗

不過，伽達默認爲，理解過程中所具有的歷史侷限性並不是吾人所要克服的，眞正的理解是去評價掌握和適應這種歷史性。在伽達默看來，人總是活在一定的社會歷史環境中，人在這種背景 (context) 中思想行爲，往往不自覺地受一定社會歷史環境中的符號系統、價值判斷的影響；因此，人在評估、認知社會世界時，人不可能獨立於傳統所形構成的背景之外 (Context-Free)，以一個純粹的主體去理解對象。依照庫恩 (Thomas Kuhn) 的典

㉖ David Held, *Introduction to Critical Theory: Horkheimer to Habermas*, 臺北：唐山出版社，1984, pp. 307-308.

㉗ 張汝倫，前揭文章，頁 38.

範論 (the theory of paradigm) 的看法，在自然科學知識的發展程中，其情形亦是如此。科學家不可能以純粹主體的身分去從事觀察、收集資料，進而透過歸納形成初步的理論，並讓此理論接受經驗的檢證；科學家通常是在典範的指導下，是在典範籠罩下的背景世界中來進行研究的。這表示庫恩是從歷史的角度，將自然科學的知識的產生與形成都當成是歷史的。此外，庫恩更認為，自然科學知識的產生與形成，都是在一定的歷史和社會條件下所形成的科學共同體 (Scientific Community) 的共同事業，㉘因此，自然科學知識的形成不只具有歷史性而且具有社會性。自然科學知識的形成和發展是如此的情況，有關於人和社會的人文研究更是如此。伽達默認為哲學釋義學的正是要說明人文研究的歷史性。

在伽達默看來，不能簡單地把傳統當成是對客觀認知的障礙，因為人們對於外在世界的認知，通常都是在背負着傳統的情況下來進行的；亦即人之所以能夠理解、研究人和社會，是以歷史作為橋樑的，研究者與被研究的對象同樣都是在歷史之流中，而人之所以能夠對傳統進行反省、批判，那是因為傳統是對我們開放的，我們可以因着傳統的存在而批判傳統，從而參與了傳統的進化。因此，吾人不可能宣稱可以在與傳統割裂的情況下，建構出一種超時間 (timeless) 的客觀知識。

再而，伽達默認為，研究者對於他所要理解、研究的東西，並不能像狄爾泰的強調的可以通過「移情」，去呈現對象的客觀意義；事實上，在理解、研究的過程中，研究者會隨着與被理解、研究對象產生「意義」的辯證融合，從而檢驗、調整和修正

㉘ 同㉗。

研究者的「前理解」，以產生新的更進一步的理解。因此，伽達默認為，絕不能偏於主體主義或客體主義，否則將無法解決人對社會的理解和研究如何可能的問題。㉙

伽達默認為，人文研究是一種具有歷史性的理解過程，而在這個過程中，理解者與被理解對象之間是以一種對話的模式產生交互主觀的關係，這不像自然科學研究那樣是獨白式的。因為被理解對象呈現在理解者面前，它等於就是向理解者問了一些籠統不確定的問題，而理解者企圖去理解被理解對象，這等於是要去回答這些問題。㉚不過，在實際的理解過程中，理解者為了理解對象，他必須對理解對象提出問題，這就必然超出被理解對象的歷史視界；因此，在理解者與被理解對象之間的對話過程中，理解者的歷史視界不斷獲得發展。亦即，理解者與被理解者之間的對話過程是在歷史中舖陳開來的，理解者與被理解者都同樣置身於歷史之流中，因此，他們之間不可能有所謂完滿的、超時間的理解關係的。

就因為伽達默把理解看成是在對話過程中進行的，所以，在伽達默看來，理解在本質上是語言的，被理解者是以語言表現出來的，理解者也是語言的體現者，而所謂理解無非是理解者以語言來掌握被理解者的意義。因此，人文研究不只是具有歷史性，也具有語言性。不過，伽達默認為，因為語言是理解的媒介，而理解是人之所以為人的根本，因此，語言也是人存在的根本，人透過語言作為中介和世界發生關係，離開了語言，我們根本無法

㉙ 同㉗，頁 39.

㉚ Thomas Kuhn, *The Structure of Scientific Revolution.* 臺北：問學出版社，民國六十六年，頁 94-96.

認識世界，從而也就使在世界對人來說變成意義，因爲外在世界的事物也必須以語言作爲中介，呈現其意義結構。㉛

哈伯馬斯同意伽達默的某些看法，他認爲社會研究者必然是在社會歷史背景中來從事分析研究的，亦即研究者絕不可能以純粹主體的方式，抱着完全價值中立的態度，去從事研究。但是，哈伯馬斯認爲，伽達默強調理解者的解釋必須以歷史傳統作爲其預設，從而使人不能批判傳統或跳出傳統不合理的束縛和壓抑，這種看法是值得商榷的。因爲，儘管傳統的形成是曾經過理性的比較和批判而形成；但是，傳統或權威所造成的扭曲的溝通以及對理性的壓抑也是千眞萬確的事。㉜因此，如果人要能夠眞正參與歷史傳統的進化，必須針對傳統和權威所造成的宰制和扭曲的溝通加以反省和批判，這樣才算是一種「深層詮釋」(depth hermeneutics)。

此外，哈伯馬斯認爲伽達默雖以語言作爲人的存在、世界存在的後設條件，但是，他忽略掉一個認識，我們固然可以透過語言作爲中介，去認識世界，認識自己；不過，我們也會因爲語言的誤導，而無法對世界產生正確的認知。亦即，語言也是社會宰制和社會權力體現的媒介，它同時也具有意識型態性。㉝哈伯馬斯認爲，社會生活是在包括語言、勞動和宰制的架構中呈現出來的，如果把語言本體化，那將犯了把社會生活化約的錯誤，而吾人如果想要參與社會生活的發展和進化，就必須從事系統的意識

㉛　張汝倫，前揭文章，頁 39-40.

㉜　David Held, *Introduction to Critical Theory: Horkheimer to Habermas*. p. 315.

㉝　*ibid.*, pp. 315-316.

型態批判，以弄清體現在社會溝通過程的權力關係，找出人們無法進行理性溝通的癥結所在。

哈伯馬斯認為，實證主義者在強調價值中立的同時，把外在社會世界當作是天經地義的既予事實來看待，而詮釋學在強調人是歷史存在的同時，把傳統也純粹只是當作既予的事實來加以肯定接納，這雖然糾正了實證主義的「價值中立」取向，但是其對待傳統的態度則與實證主義沒有啥兩樣。

以上是哈伯馬斯對康德、黑格爾、馬克思、實證主義和詮釋學知識論的反省和批判，緊接着，哈伯馬斯就討論心理分析與批判理論的關係，哈伯馬斯給予心理分析極高的評價，而關於這方面的論述，筆者在「對意識型態的反省與批判」一章中，會有詳細的論述，此不贅言。

第三章 哈伯馬斯對馬克思歷史唯物論的批判

哈伯馬斯對馬克思歷史唯物論的反省和批評，是其思想中的重要部份。因此，本章擬專門討論這個主題，而筆者在本章中的討論，擬分成以下這兩個部份來進行：一、馬克思的歷史唯物論；二、哈伯馬斯對馬克思歷史唯物論的批判。在第二個部份的論述中，筆者擬以條列的方式來說明。

一、馬克思的歷史唯物論

（一）依據馬克思的原典著作論述其歷史唯物論

一八三一年，黑格爾逝世後，他的思想體系仍然是支配當時普魯士的顯學，而隨着一八三五年施特勞斯（Strauss, D. F. 1808-1874）發表《耶穌傳》（*Das Leben Jesu*）引起普魯士知識界爭論以降，普魯士知識界就分裂成黑格爾左、右派。左派又稱爲「青年黑格爾派」（Young Hegelians）而右派又稱爲「老年黑格爾派」（Old Hegelians）。❶ 大致而言，青年黑格爾派主張發揮

---

❶ Zvi Rosen, *Bruno Bauer and Karl Marx: The Influence of Bruno Bauer on Marx's Thought* (The Hague, 1977), pp. 21-35

黑格爾辯證法所蘊含的創進精神，反對將宗教與哲學、理性等同起來，而且不贊成「老年黑格爾派」以黑格爾思想爲普魯士政府辯護。❷ 馬克思曾是青年黑格爾學派的一份子，深受黑格爾思想的影響，而在費爾巴哈於一八四一、一八四二、一八四三年出版《基督敎的本質》(*Das Wesen des Christenthums*)、《關於哲學改革的臨時綱要》(*Vorlaufige Thesen Zur Peformation der Philosohhie*)（以下簡稱《綱要》）和《未來哲學原理》(*Grundsatze der Philosophie der Zukunft*) 以後，馬克思又受到費爾巴哈人本學(Anthropology)和自然主義(Naturalism) 的重大影響，這種影響使他在《黑格爾法哲學批判》（寫於一八四三年夏天）及《一八四四年經濟學哲學手稿》（以下簡稱《手稿》）中，企圖突破黑格爾思想體系的籠罩，並提出批判性的看法。

馬克思在柏林大學研讀期間(1836～1841)，與其他青年黑格爾派份子一樣認爲，現實的國家「應該」是客觀精神在現實世界的顯現；但與他取得博士學位，進入「萊茵日報」(Rheinische Zeitung fur Politik, Handel and Geruerbe)工作，必須全面投入對萊茵省各種社會和政治問題的觀察後，原先的這種看法，便有所改變。透過這一番對現實問題的觀察，馬克思認爲，黑格爾絕對理性的國家觀同現實社會之間，存在着嚴重的「理論與實際」的差距，從黑格爾的角度出發，並無法解釋現實社會中芸芸衆生的眞象；馬克思認爲，在現實世界中，國家並不能體現自由、公平和正義；而反過來却是，人對物質利益的追求，社會上的等級地位和其他種種客觀的社會關係網，決定了人的思想和行爲，以

---

❷ 中山大學哲學系主編，《馬克思主義哲學史稿》（北平：人民出版社，1981年第一版），頁21～23。

及國家的運作和發展。❸

　　基於這種認知背景，馬克思在《黑格爾法哲學批判》中，進一步透過費爾巴哈對他的影響（尤其是費爾巴哈學《綱要》一書對馬克思影響最大），批判黑格爾的國家觀。馬克思在此書中認為，現實的家庭和市民社會，並不是在「國家」這一理念的發展過程中所分離出來的；而是，現實的國家乃以家庭和市民社會爲基礎，才有其具體的內容和現實的意義；這也就是說，馬克思認爲，家庭和市民社會才是國家的前提，才是國家之所以可能形成的現實條件，❹而黑格爾把國家視爲「客觀精神」的最高表現，並把家庭和市民社會視爲在「國家」這一理念的發展過程中所分離出來的，這是一種倒果爲因，顛倒主體與客體關係的「錯誤」看法。一句話，馬克思認爲，對於現實國家，絕不能從它們本身，也不能從所謂客觀精神的發展來理解，而必須透過由活生生的個人所組成的家庭和市民社會來加以掌握；再推論下去，也就是說，必須透過由於個人從事物質生活所形成的家庭組織和社會關係網路，才能了解國家的眞象。❺

　　馬克思以這種角度批判黑格爾的國家觀，除了其親身的生活體驗外，正如上述，是受費爾巴哈《綱要》的影響。費爾巴哈《綱要》一書的重點，乃是對黑格爾哲學的批判。他在此書中認爲，只要經常把黑格爾哲學中的賓詞反過來當作主詞，就能得到純粹的明顯的眞理，而人世間一切問題一切命題的眞正主詞，應該是活生生的人和他與多彩多姿的大自然所形成的物質生活關

---

❸　同❷，頁24～30。

❹　《全集》第一卷，頁250～253。

❺　同❹，頁34～35。

係；因此，活生生的人才是國家的基礎，國家之所以可能的根據，是活生生的現實存在。❻

綜合以上的論述可知，馬克思在《黑格爾法哲學批判》中認爲，現實世界的國家機器並不是體現普遍客觀的理性力量的工具，它是自在自爲的眞實歷史內容；不過，對於它的理解必須進一步以活生生的人的現實存在爲基礎，才有可能。這也就是說，馬克思認爲，對於人類社會，包括國家機器諸現象的考察，應以人本學爲原則，才能把握其眞正的面貌。但是，馬克思認爲，在確立「人世間的學問應該是人本學」之前，應該首先反省「人是如何活生生地存在？」這個問題，而爲了論述這個問題，馬克思在《手稿》中不但提出一套人學體系，作爲其批判勞動者在資本主義社會發生異化勞動的判準，而且在人本學的原則下，首次給予歷史人本學的詮釋。

馬克思在《手稿》中認爲，要對於「人之所以成其爲人」這個問題有全面而且深刻的了解，就不能透過固定的範疇、靜態的角度以及宗教的立場來進行。他認爲人並不是神或上帝創造出來的。人是透過自己的勞動創造過程不斷來成就自己和確證自己的，而人的勞動創造之所以可能，除了人的主體能動性外，還必須以整個大自然界作爲條件，這也就是說，人必須在大自然界中，首先作爲自然的存在物，才談得上所謂的勞動創造，而人作爲自然存在物，使人的生命得以延續、確證的同時，人不但形成了人的社會，而且成爲社會的存在物。

換言之，在馬克思看來，人的生命是具有自然存在和社會存

---

❻ 戴維・麥克業倫著，夏威儀、陳啓偉、余海民譯，《青年黑格爾派與馬克思》(北平：商務印書館，1982年版)，頁107～108。

在雙重性的，這兩方面並不是互相排斥，而是互相作用的：人的自然存在是人的社會存在的必要前提，人的社會存在同時也是保證人的自然存在繼續成爲可能的必要條件。由此可知，馬克思認爲，在現實世界中，人必須要在或大或小的社會場合中，才能與自然界發生互動關係，創造出能夠確證吾人生命，發展吾人生活的物質環境。

此外，馬克思認爲，作爲聯繫人的勞動創造和確證生命、發展生活的中介是人的目的意識。在目的意識的關照下，人不但能使自己的生命和生活成爲吾人意識設想關懷的對象，而且能夠在社會中透過人的勞動，將人的聰明、才智作用在大自然上，在創造大自然、改造大自然的同時，也使自己的生命得到確證，生活得到發展。

在馬克思看來，人們怎麼樣在社會場合中，透過勞動創造出確證吾人生命、發展吾人生活的物質環境，人類歷史就是怎麼樣展現；換言之，馬克思認爲，所謂歷史不外是人通過勞動的誕生史，「是自然界對人說來的生成史」。❼ 由此可知，馬克思在《手稿》中，已經透過對「人活生生的存在如何可能？」這個問題的哲學人類學（Philosophical Anthropology）的思考，將歷史的前提奠立在自然主義人類學的基礎上。

既然歷史是人類發展過程的歷史，是活生生的、現實的人的活動的歷史，馬克思在其與恩格斯合著的《神聖家族》中就認爲，歷史的無窮無盡的豐富性，不是「歷史」創造的，而是現實的、活生生的人創造的──亦卽「歷史不過是追求着自己目的的人的活動而已」。❽ 換句話說，馬克思在《神聖家族》中，不但

---

❼ 《全集》第四十二卷，頁84。

已經把歷史人本化，當成人本身的歷史，而且把現實的、活生生的人當作全部歷史的起點，人成為在歷史中從事社會活動的人。

有了這樣的思想反省作基礎，馬克思在《關於費爾巴哈的提綱》中，以警句的方式對費爾巴哈的唯物論加以批評。他認為費爾巴哈的唯物論，將自然界當作是自開天闢地以來就已存在的、始終如一的東西，看不到人對自然界的創造和作用；換言之，馬克思認為，費爾巴哈不了解我們生活在其中的大自然界是已經打上人的（整體生命）實踐烙印的人化的自然界；而人與大自然界的關係並不是單純的感覺、直觀的認知關係，而是人透過（整體生命）實踐獲得對自然界的認識的，正因為如此，馬克思在《關於費爾巴哈的提綱》中提出：「從前的一切唯物主義——包括費爾巴哈的唯物主義——的主要缺點是：對事物、現實、感性，只是從客體的或者直覺的形成去了解，而不是把它們當作人的感性活動，當作實踐去理解」。❾進一步說，在馬克思看來，人對於大自然界的認知是透過（整體生命）實踐才有可能的，而所謂自然界也正是經過以往人類實踐的人化自然界。至於作為認知主體的人，也不是孤立的過着冥思絕隔的人，他是處在一定的、具體社會關係中有意識地進行活動的現實的人。

透過以上的論述可知，馬克思透過對黑格爾和費爾巴哈的反省，想把歷史人本化，使其奠基於人類學前提上的理論建構，在《手稿》中已經初露苗頭；而再經過對費爾巴哈唯物論的進一步反省，使馬克思能夠從知識論的角度，配合「實踐」範疇進一步說明，在人的現實存在中，人與大自然的關係。

❽ 《全集》第二卷，頁119。
❾ 《全集》第三卷，頁3。

　　就由於有這一番人類學的歷鍊，馬克思在其與恩格斯合著的《德意志意識型態》（以下簡稱《型態》中，才能進一步從自然主義人類學的角度，建構其「歷史唯物論」。

　　在《型態》第一章中，馬克思認為費爾巴哈雖然把人理解為感性世界的人，但是費爾巴哈的理解一方面僅僅侷限於對這一世界的單純直觀，而另一方面又侷限於單純的感覺，因此費爾巴哈所談到的只是「人自身」，而不是現實用歷史的活生生的人。「他沒有看到，他周圍的感性世界決不是某種開天闢地以來就已存在的，始終如一的東西，而是工業和社會狀況的產物，是歷史的產物，是世世代代活動的結果，其中每一代都在前一代所達到的基礎上繼續發展前一代的工業和交往形式，並隨着需要的改變而改變它的社會制度。甚至連最簡單的『可靠的感性』的對象也只是由於社會發展，由於工業和商業往來才提供給他的。」⑩因此只有按照事物的本來面目及其生產根源才能眞正理解人，費爾巴哈只把人看作是感性的本質存在，而不是感性的活動存在物，他仍然只停留在理論的領域內，而沒有從人們現有的社會聯繫，從那些使人們成為現在這種樣子的周圍生活條件來觀察人們，因此費爾巴哈從來就沒有看到眞實存在着的、活動的人，而是停留在抽象的「人」上，「並且僅僅限於感情範圍內承認『現實的一單獨的、肉體的人』，也就是說，除了愛與友情，而且是理想化了的愛與友情以外，他不知道『人與人之間』還有什麼其他的『人的關係』。」⑪費爾巴哈沒有批判現實的人的生活關係，因而他也就沒有把感性世界理解為構成這一世界的個人的共同的，而

---

　⑩　同⑨，頁48～49。

　⑪　同⑨，頁50。

且活生生的感性活動，因此，「當費爾巴哈是一個唯物主義者的時候，歷史在他的視野之外，當他去探討歷史的時候，他決不是一個唯物主義者。」⓬

馬克思認為任何人類歷史的第一個前提無疑是有生命的個人的存在。⓭由此可以得知第一個需要確定的具體事實就是個人的肉體組織，以及受肉體組織制約的他們與自然界的關係。因此，有生命的個人首先直接是自然存在物。而人們是透過勞動在自然界中生產他們所必須的生活資料，同時也就生產着他們的物質生活本身，⓮人們用以生產自己必需的生活資料方式，首先取決於他們所得到的現成的需要再生產的生活資料本身的特性；⓯而這種方式就是人的生活方式，由這種人的生活方式，就可以看出人的眞正存在，亦卽可以從人生產什麼，以及如何生產，看出人的生活眞面貌。「個人怎麼表現自己的生活，他們自己也就怎樣。」⓰

旣然人的生活是有條件的，「現實中的個人………從事活動……，進行物質生產……，因而是在一定的物質的，不受他們任意支配的界限，前提和條件下能動地表現自己……。」⓱那麼人乍看之下似乎是完全受必然法則的支配，與動物受制於自然法則沒有什麼兩樣，但馬克思認為人們自己開始生產他們所必需的生

⓬　同❾，頁51。
⓭　同❾，頁23。
⓮　同❾，頁24。
⓯　同⓮。
⓰　同⓮。
⓱　同❾，頁29。

活資料時，他們就開始把自己和動物區別開來，而其中最主要的是因為人可以從事有意識，有目的的創造性，全面性的活動，不但生產自己的生命，而且也生產自然，創造自然，補足他人生活的不足，因此人之所以異於禽獸，在於人是有意識，有目的性的能動能創造的自然存在物。

從以上的論述可知，馬克思認為歷史必須有其前提，這個前提不是人空想出來的一些概念或範疇，而是應以現實的人為前提，而且一刻也不能離開這個前提。這就是說觀察歷史必須從現實的人的生活着手，「這是一些現實的個人，是他們的活動和他們的物質生活條件，包括他們得到的現成的和由他們自己的活動所創造出來的物質生活條件。因此，這些前提可以用純粹經驗的方法來確定。」⑱

既然歷史唯物主義是從事實際活動的人出發，因此進一步可以從人們的現實生活過程中，揭示出人類的歷史發展。這個發展過程必須經過以下幾個階段：

(1) 從直接生活的物質生產出發。

(2) 從直接生產和交往中發展出歷史上各個不同階段的市民社會；並將此理解為整個歷史的基礎。

(3) 然後必須在國家生活範圍內描述市民社會的活動，同時從市民社會出發來闡明各種不同的理論產物和意識形式，如宗教、哲學、道德等等，並且在這個基礎上追溯它們產生的過程。⑲

亦即，馬克思認為人們之所以有歷史，是因為他們必須生產自己的生活，而且是用一定的方式來進行，這也就是說，歷史的

---

⑱　同⑬。

⑲　同⑨，頁42～43。

第一個前提是人們爲了能夠創造歷史，必須能夠生活。而要能夠生活，首先就需要衣、食、住以及其他東西。因此人們的第一個歷史活動就是生產滿足這些需要的資料，即生產物質生活本身。這同時也是人們爲了能夠生活所必須時時刻刻進行的一種歷史活動，即一切歷史的一種基本條件。

因此，任何歷史觀的第一件事就是必須注意上述基本事實的全部意義和全部範疇，而且給予應有的重視，沒有世俗基礎的歷史，是片面的、不切實際的，因此不算歷史。

馬克思認爲人的歷史活動的第二個事實是：已經得到滿足的第一個需要本身，滿足需要的活動和已經獲得的爲滿足需要工具又引起新的需要；這種新的需要又促成人們的歷史活動。

馬克思認爲歷史的第三個事實是：每日都在重新生產自己生活的人們同時也生產另外一些人，而增殖，例如夫妻之間的互補互足，父母生育、教養子女，因此第三個事實最明顯的表現在人們的家庭中，「家庭起初是唯一的社會關係，後來，當需要增長產生了新的社會關係，而人口的增加又產生了新的需要時，……」❷⓿ 才發展出複雜的分工交換的社會關係。

就因爲人們的歷史活動有着前面這三個事實，因此人們的歷史活動立即表現爲雙重關係：一方面是自然關係（以生產力或工業爲內容），另一方面是社會關係，而社會關係則指以生產方式爲基礎的人與人之間的分工、交換關係，這是因應生產力的水平而形成的。由此可見「一定的生產方式或一定的工業階段始終是與一定的共同活動的方式或一定的社會階段聯繫着的，而這種共同活動方式本身就是『生產力』，由此可見，人們所達到的生產

❷⓿ 同❾，頁32。

力的總和決定着社會狀況，因而，始終必須把『人類的歷史』同工業和交換的歷史聯繫起來研究和探討。」❷

馬克思認爲，隨着人口的增多，需要的增長，分工就自然的發生，而與分工同時出現的還有分配，而且是使勞動及其產品產生不平等的分配，因而也產生了所有制。

分工是自發的，而不是人的自願，而且「當分工出現後，每個人就有了自己一定的特殊的活動範圍，這個範圍是強加於他的，他不能超出這個範圍。」❷ 每個人在分工後都有固定的角色和地位，因此人的社會活動就固定化，人們「本身的產物聚合爲一種統治我們的，不受我們控制的，與我們願望背道而馳的，並抹煞我們的打算的物質力量。」❷ 亦卽「人本身的活動，對人說來就成爲一種異己的，與他對立的力量，這種力量驅使着人，而不是人駕馭着這種力量。」❷ 受分工制約的不同個人的共同活動，產生了一種社會力量，卽拓大了的生產力，但由於共同活動本身不是自願而是自發形成的，因此，這種社會力量對人們而言是某種異己的，在他們之外的權力，而且支配着人們的意志和行爲。

馬克思認爲，在自發而不是自願的分工之下所產生的巨大生產力，如上述到最後對人們形成一種「不堪忍受的力量」，在這過程中，由於不平等的分配，把人類的大多數變成無產者，而與資產階級對立起來，共產主義的發生就是以此爲前提的，共產主

---

❷ 同❾，頁33～34。

❷ 同❾，頁37。

❷ 同❷。

❷ 同❾，頁37。

義是一種運動，不是一種理想，這個運動本身是由現有的前提產生的，其目的在消滅現存狀況的現實，亦卽消滅異化而使交換、分工及分配重新趨於「合理化」。

馬克思在談完他們的歷史觀後，總結到：「在過去一切歷史階段上受生產力所制約，同時也制約生產力的交往形式，就是市民社會。這個社會……是以簡單的家庭和複雜的家庭……作為自己的前提和基礎的。……這個市民社會是全部歷史的眞正發源地和舞臺。」㉕「市民社會包括各個個人在生產力發展的一定階段上的一切物質交往。它包括該階段上的整個商業生活和工業生活，……另一方面，它對外仍然需要以民族的姿態出現，對內仍然需要組成國家的形式。市民社會……始終標誌着直接從生產和交往中發展出來的社會組織，這種社會組織在一切時代都構成國家的基礎以及任何其他的觀念的上層建築的基礎。」㉖

馬克思認為，思想、觀念和意識的生產，最初是直接與人們的物質活動，物質交往，與現實生活交織在一起的。「觀念、思維，人們的精神交往在這裏還是人們物質關係的直接產物。」㉗人們是自己觀念、思想和意識等的生產者，但同時又受着自己的生產力的一定發展以及與這種發展相適應的交往的制約，因此，意識和存在是人的一體兩面，而且只有人的存在，生活、意識才有意義，才有價值，也才有可能。「意識在任何時候都只能是被意識到了的存在，而人們的存在就是他們的實際生活過程」，㉘

㉕ 同❾，頁40～41。

㉖ 同❾，頁41。

㉗ 同⓲。

㉘ 同⓲。

這句話很清楚地說明在人的實際生活過程中，人同時就會產生意識，意識到自己的生活與生存，而人的意識與人的實際生活過程的關係，就像照像時將現實的存在倒現在照像機中一樣，這種關係也像「眼網膜上的倒影是直接從人們的生活的物理過程中產生一樣」，● 因此，千萬不能說意識決定人的生存方向，而應該說意識在人的現實生存中顯現。

　　人是自然界中，同時也是在社會中進行着分工、交換等交往方式，因此人的現實生活是在社會中呈現的，上述人有了生活，就有人的意識，因此意識一開始就是社會的產物，而且只要人們還存在着，它就仍然是這種產物。由此可以得知，意識是與人的生產活動、社會狀況息息相關的。

　　旣然，在馬克思看來，歷史是人活過來的歷史，社會是人從事勞動創造的場合，人的活動貫穿於歷史的各個層面；那麼，在馬克思看來，歷史唯物主義的研究起點只能是現實的人，從事實際勞動的人。不過，現實的人雖然是歷史唯物論的研究起點，但是敍述、建構歷史唯物論的體系，却只能從表現人之所以爲現實的人的勞動開始。

　　我們可以說，在《型態》中，馬克思的歷史唯物論得到全面性地建構，而在其往後的著作中，馬克思就應用這套看法來分析人類歷史和社會。〈共產黨宣言〉就是馬克思應用唯物史觀的具體產品，不過，馬克思在〈共產黨宣言〉中也賦予唯物史觀新的範疇——階級鬥爭和暴力革命，馬克思認爲當生產關係無法適應生產力的發展時，人類社會就會發生階級鬥爭和暴力革命，來重新調整生產關係使其適應於新發展出來的生產力，而值得注意的

● 同❾，頁30。

是，馬克思在〈共產黨宣言〉中對階級鬥爭和暴力革命的強調，並不是突然的作法。因爲，馬克思將人視爲在社會中從事勞動以滿足需要、慾望的現實人，這樣現實的人，當他們警覺到由於生產關係無法適應新發展出來的生產力，而使得由生產力所延伸出來的財富、利益分配不均，被別個集團、階級所壟斷時，必然會起而從事階級鬥爭和暴力革命，來改變這種生產關係。換言之，由於馬克思將人視爲現實的人，就容易得出以階級鬥爭、暴力革命作爲解決社會問題手段的看法。

從一八五○年代末期起，由於馬克思大量研究古典經濟學，而且着重對當時歐洲資本主義社會的觀察，馬克思就企圖對歷史唯物論，尤其是對生產力、生產關係和生產方式等範疇以及其間的互動關係，進行全面性的總結，以便能夠進一步透過政治經濟學的角度，對資本主義生產方式及與其相應的生產關係進行研究，裨便批判資本主義社會。

馬克思對歷史唯物論簡明扼要的總結，最主要表現在其〈政治經濟學批判序言〉中，他指出：「人們在自己生活的社會生產中發生一定的、必然的、不以他們的意志爲轉移的關係，即同他們的物質生產力的一定發展階段相適合的生產關係。這些生產關係的總和構成社會的經濟結構，即有法律的和政治的上層建築豎立其上並有一定的社會意識形式與之相適應的現實基礎。物質生活的生產方式制約着整個社會生活、政治生活和精神生活的過程。不是人們的意識決定人們的存在，相反的，是人們的社會存在決定人們的意識。社會的物質生產力發展到一定階段，便同它們一直在其中活動的現存生產關係或財產關係（這只是生產關係的法律用語）發生矛盾。於是這些關係便由生產力的發展形式變

成生產力的桎梏。那時社會革命的時代就到來了。隨着經濟基礎的變更，全部龐大的上層建築也或慢或快地發生變革。」❸ 而後，馬克思在《資本論》中，就按照上述〈序言〉中這套警句式的歷史唯物論總結，通過對人的勞動過程、生產力性質以及人們在生產過程中必然發生的關係的總和的考察指出：(1) 資本主義社會，是生產力與生產關係、經濟基礎與上層建築建構成的相互聯繫和作用的有機整體；而這個有機整體是順着生產力與生產關係以及相應地經濟基礎與上層建築之間辯證的關係在發展着；(2) 資本主義社會正處於個別化的生產關係與社會化生產力的矛盾狀態中，在這種矛盾中不但出現資本家與勞動者的剩餘價值關係，而且預設了階級鬥爭、社會革命以及向共產主義過渡的必然性。換言之，馬克思在《資本論》中，以既有的歷史唯物論的架構爲基礎，配合經濟學的詮釋，在科學主義心態的主導下，透過對資本主義社會發展「規律」（生產力與生產關係之間的辯證關係）的分析，指出人類社會邁向共產主義的必然性，從而使人類的歷史「自然化」了。

透過以上的論述，筆者將馬克思的歷史唯物論作了一番總的解釋。但由於馬克思在直至《型態》的著作中並沒有集中明確地說明過「生產力」、「生產方式」和「生產關係」等三個歷史唯物論的重要範疇；因此，筆者認爲有必要特別針對上述三個範疇進行說明，才算「完整」地掌握其歷史唯物論。

透過前面的論述可知，生產力和生產關係是人從事勞動的兩個面向；因爲，馬克思認爲生產力指的是人對自然的關係，是人自然存在的表現；而生產關係指的是人在改造、創造自然的勞動

---

❸ 《全集》第十三卷，頁8〜9。

過程中必然結成的一定形式的相互關係，它是人生產活動得以進行的必要條件；換句話說，馬克思延續《手稿》對於自然存在、社會存在互為前提條件的看法，認為生產力與生產關係也是互為條件的。因為，在馬克思看來，人們為了創造、改造大自然，使其能夠提供更多的生活資料滿足人們不斷發展着的需要，就必須不斷發明和使用新的生產工具，調整人們在勞動過程中的結合方式和相互關係；亦即為了創造、利用大自然，人們必須相應地調整、組成生產方式和生產關係。而當生產關係適應生產力的發展要求時，它便成為人們自主勞動的條件，使人們已經獲得的生產力得到充分利用，同時也保證生產力的開發繼續成為可能；但是，當生產關係不再適應生產力的發展要求時，它就會阻礙甚至束縛、破壞既有的生產力。因此，馬克思在《型態》中認為，不同歷史階段內存在的各種生產關係，「起初本是自主活動的條件，後來却變成了它的桎梏，它們在整個歷史發展過程中構成一個有聯繫的交往形式（即生產關係——筆者註）的序列，交往形式的聯繫就在於：已成為桎梏的舊的交往形式被適應於比較發達的生產力，而也適應於更進步的個人自主活動類型的新的交往形式所代替；新的交往形式又會變成桎梏並為別的交往形式所代替。」❿

透過以上的說明，我們大致上可以了解馬克思「生產力」、「生產關係」和「生產方式」的意義，而若再配合「勞動」概念來進一步論述，生產力就是人以自己的勞動作為中介，組合勞動手段（或工具）、勞動對象等生產要素而產生物品的能力；至於生產方式就是人的勞動力、勞動手段（或工具）、勞動對象等生

❿　同❾，頁81。

產要素組合的方式。不過，馬克思認爲，生產諸要素的組合，不僅有一個技術方式（如手工、機器或個體簡單協作以及複雜協作等）的問題，而且是在一定的社會聯繫形式中完成的。例如，任何原始社會的勞動組合都是以「人與人間的自然血緣關係」爲基礎，而資本主義社會的勞動組合是以「資本家與勞動者的僱用關係」爲基礎的。再而，馬克思認爲，原始社會的自然血緣關係又與血族的共同占有制聯繫在一起；資本主義社會的僱用關係則以勞動和勞動實現條件的所有權的分離爲條件；　職是，　馬克思認爲，生產方式是勞動的技術組合方式、社會聯繫方式以及所有制方式的統一。而在着重考慮社會聯繫時，馬克思通常就以生產關係取代生產方式來進行有關歷史唯物論的論述。

透過以上的論述可知：（1）在馬克思看來，生產不是單純地表現在人對自然的勞動創造上，而是表現在人與人的社會聯繫關係中；（2）亦卽，要了解人類的生產不能光從勞動的自然過程着手，而必須掌握勞動的社會過程才能克竟其功；這也就是說，人類的生產方式是技術組合方式與社會聯繫方式的統一，抽離了社會聯繫方式，人類的生產方式就無法形成；（3）生產力不是作爲人們單純的產生物質產品的能力而存在，它同時也表現爲人的整體社會力量；（4）某一階段一開始的生產力，不但表現了人改造自然、利用自然的能力，從而奠立了人得以生存的基礎；而且會使人形成相應的生產方式和生產關係，使人類的生產力得以和人的生活聯結在一起，　此時，　人類社會就處於一種相對穩定的狀態，而以這一套生產方式和生產關係爲基礎所形成的社會系統的籠罩下，社會各階級之間以及下層基礎和上層建築之間，形成了牢固的相互作用的「鏈條」，一時間很難於使之鬆弛或斷裂。不

過，相反地，人類却能在生產力透過整個社會系統繼續拓大其效果的「反饋」過程中，逐漸地修正、增加輔助性的生產手段，力圖應付由於人口增加、需要增長而形成的提高生產力的要求。相應於這種點點滴滴地生產力的改變，人類的社會系統並不能產生亦步亦趨的自我調整，其結果是當人類的生產力有了重大的突破——如由手工發展爲機器生產時，人類以既有的生產方式和生產關係爲基礎所形成的社會系統，就不但不能使新發展出來的生產力得以落實，發揮其效果，而且會反過來成爲新生產力發展的障礙。此時，人類社會陷入動盪不安的局面之中，而若要往前發展，就必須透過生產方式的調整，改變生產關係（經過階級鬥爭與暴力革命），使人類社會進入另一階段相對穩定的狀態。

（二）辯證法與歷史唯物論

（1）黑格爾的辯證法——關於世界本性的探討，向來就是哲學家最爲關心的本體論問題，黑格爾自不例外。黑格爾曾對斯賓諾莎 (Spinoza, 1632-1677) 的本體論加以反省，再加上對德國觀念論、浪漫主義、古典經濟學和歷史主義的掌握，乃形成其體系龐大的辯證法理論。

斯賓諾莎認爲世界的本體，並不是某種孤立的元素，而是一種無須外因，自己能夠規定自己的單一實體；❸黑格爾認爲這種本體論，雖然比西方傳統的形上學向前邁進一步，但是，並無法完全彰顯實體的能動性；因此，這種本體論還是無法解釋現實世界的千變萬化和多彩多姿。黑格爾認爲唯有把實體理解爲一種能

---

❸ Stuart Hampshire 著，楊裴榮譯，《斯賓諾莎》（臺北：長橋出版社，民國六十七年版），頁25～63。

動的主體，才能因着這種「旣是實體又是主體」的世界本體的運動發展歷程，掌握世界和萬事萬物的眞象。

這就表示，黑格爾拋棄了「把世界本體只看作肯定的東西」的西方傳統看法，他認爲實體固然是一種肯定的東西，但是它的肯定，唯有在不斷否定的運動發展歷程中，才得以彰顯出來，而對實體這種否定的本性，還必須用否定的否定才能加以規定，因爲否定不只是一次的否定，而是持續不斷的否定運動，黑格爾認爲這種實體運動發展的形式和格局，就是辯證法，而這些形式和格局，並不是人所賦予的，它們是與實體的發展歷程直接同一的❸。因此，在黑格爾看來，辯證法並不是一種我們時下所認知的分析和研究的方法，而是世界運動發展歷程的形式和格局；職是，如果我們硬要給辯證法加上主體認知的意義，那它頂多也只能是一種世界觀，而這種世界觀目的在反對西方傳統所認爲的靜態世界觀。因爲由以上的論述可知，黑格爾認爲任何存在都是一種在不斷超越否定中呈現「合」或「全」的發展歷程。因此，整個世界和萬事萬物的存在，唯有在不斷運動、演變和發展的歷程中，才能展現它們的現實性和整個意義。

西方傳統的哲學思想，是透過事物應具有或不具有某種或某些固定的性質這種實體化作用，來了解事物，分析事物的；但是，黑格爾認爲這種作法，缺乏浪漫主義和歷史主義的心態，因此只會叫人陷入理智的窠臼中而無法自拔。他認爲認識世界和事物固然必須運用實體化的作用——亦即必須從肯定開始——但是

---

❸ Alexandre Koj'eve, James H. Nichole, Jr; trans; *Introduction to The Reading of Hegel* (New York: Basic Works, Inc. Publishers, 1969), pp. 169-182.

最重要的是必須進一步了解，這個世界和事物是處於不斷運動、發展和演變的歷程中，它們旣不斷否定自己，又不斷肯定自己，而否定只是爲了使自身獲得發展，並使肯定實現於不斷的否定中；因此，黑格爾認爲「一切肯定都是否定，而一切否定也都是肯定」，職是，實體化的世界觀是無法掌握世界的眞象的。❸

換句話說，黑格爾認爲我們肯定世界和事物不應只是肯定它的靜態般的存在，而是肯定它是一種活生生的自我發展過程；因此，當我們在認知世界和事物的意義時，必須了解到眞正的肯定，只能用不斷的否定才足以把握和表示——亦卽必須具有辯證的世界觀。在這種意義下，黑格爾的辯證法，不僅與世界本體運動發展的歷程、方式和格局直接同一；而且成爲吾人認知事物和反省自己所應有的思維方式 (the mode of thinking)；所以，在客觀層面上，辯證法就是本體自身的展現；而在主觀意義上，辯證法又成爲吾人認知思維所應依循的方式和角度。

在西方，遠自古希臘時代就有辯證法思想，其中雖經許多意義上的轉折，但將辯證法視爲追求萬事萬物根本原理或論辯以求眞理的方法，可說是辯證法思想史中的主流；但是，從以上的論述可知，黑格爾並不將辯證法視爲吾人認知事物、反省自己的工具或手段，而是將它與世界本體的運動發展和吾人的思維方式，直接聯繫在一起。職是，在黑格爾看來，辯證法並不是時下所認爲的某種「方法」(搜集、處理、分析事物的技術)，但是，我們可將之視爲某種類型的方法論的整體論 (methodologicalholism)，而在實際應用時，可將它當作一種描述事物現象的方式。所以，

---

❸ 張澄清，〈評黑格爾關於內在否定性的思想〉，《廈門大學學報》，1984年第一期，頁87～94。

我們若說黑格爾辯證法思想同西方辯證法主流有所不同，實不爲過。

　　黑格爾辯證法的形成，同他與西方辯證法思想的激盪是分不開的。而在這個意義上，黑格爾認爲他的辯證法，代表着相對於舊有的辯證法思想所展現的人類認知思維方式的最高發展；換句話說，黑格爾將自己的辯證法思想視爲人類精神發展的最高狀態，而有關於整個世界和事物的眞理，都將在他的辯證法所揭櫫的思維方式中完全展現出來；這也就是說，透過辯證法，眞理可以具體化於人身上，而眞理、辯證法和人就變成三位一體的關係。一句話，在黑格爾看來，辯證法與存有、思維、歷史的關係，是「卽存有卽辯證」、「卽思維卽辯證」、「卽歷史卽辯證」和「卽眞理卽辯證」的。

　　就如上所述，在某種層面上，黑格爾是個柏拉圖主義者，因爲他把世界本體的發展歷程視爲既客觀又能動的主觀精神、客觀精神和絕對精神三個階段，而整個現實世界就在相應於主觀精神、客觀精神和絕對精神的辯證顯現歷史中，自我創造、自我說明、自我規定、自我發展的。在相應於這種世界本體顯現的同時，黑格爾認爲人的生命、社會和歷史本身也是一種自我創造、自我發展的過程，但是，人究竟如何體現既客觀又能動的世界本體在自身上的顯現呢？黑格爾認爲，人的精神主體具有能動性，它能從使自身對象化、客觀化和外化，並能超越這種對象性、客觀性和外化，使自身獲得發展；亦卽，人的生命和生活獲得表現和確證，同「人之精神心靈不斷超越其主觀性，與伴之而起的自然不斷否定其客觀外在性」的整個歷程，是一體的兩面。

　　換句話說，黑格爾是從人的精神能動性來說明人的生命和生

活是一個自我創造的歷程；而唯有如此，黑格爾在處理現實的生命和生活時，才能說「即存在即辯證」，所以，在黑格爾看來，辯證法不過是人精神能動性的表現，而勞動也無非是精神的一種能動作用，沒有人的精神勞動，人就不可能是自我創造的生命，而辯證法也成爲無根的範疇。

黑格爾將人視爲一能動的精神存在物，當然是其歷史主義、浪漫主義心態的顯現；但是，這同他受古典經濟學，尤其是亞當斯密和詹·斯圖亞特的影響有關，這兩者的勞動價值論，使黑格爾能用勞動說明歷史和人的自我意識的產生，從而使勞動、辯證法和人之所以爲人，成爲三位一體的關係。

由以上的論述可知，辯證就是運動，就是過程，而辯證法在黑格爾思想中所具有的意義，計有以下幾種：①即本體即辯證；②即現象即辯證；③即思維即辯證；④即歷史即辯證；⑤即生命即辯證；⑥即眞理即辯證。就由於如此，許多思想家批評黑格爾是泛邏輯主義者（Pan-logist），而黑格爾也才敢認爲，凡是合理的，必是眞實的；而凡眞實的必是合理的。

此外，值得注意的是，有關黑格爾辯證法成立基礎的問題，從黑格爾辯證法所具有的幾種意義中，我們很清楚地知道，辯證法之所以可能，必須以本體義的辯證法爲基礎，而且必須預設「歷程才是實在」這個命題，以及生成變化（Becoming）、否定（Negation）、矛盾（Contradiction）和棄而存昇（奧優赫變 Auf-hebung）等範疇。至於整個黑格爾辯證法思想的目的，在於企圖打破靜態的世界觀以及形式邏輯，而主張變動不居的有機體世界觀以及所謂的辯證邏輯。

（2）馬克思辯證法與歷史唯物論——馬克思一生對辯證法的

態度，可分成以下幾個階段：①企圖打掉黑格爾本體義的辯證法——以《黑格爾法哲學批判》爲代表；②將辯證法凡俗化 (secularization) 以及清算黑格爾辯證法思想——以《手稿》爲代表；③將辯證法歷史主義化，提出歷史唯物論——以《德意志意識型態》和〈共產黨宣言〉爲代表；④將辯證法實證主義化，指出人類歷史和社會，按照不依人的意志而轉移的鐵的辯證規律進行發展——以《政治經濟學批判》和《資本論》爲代表。

馬克思除了在其「博士論文」中，討論到宇宙論和本體論外，相當排斥談這些哲學主題。馬克思屬於青年黑格爾學派的一員，與其他青年黑格爾分子一樣，企圖繼續黑格爾辯證法思想所蘊含的批判和創進精神，因而，他在大學畢業進入社會工作後，便詳細地反省黑格爾的法律和政治思想，並與確實的普魯士政治、法律、經濟和社會狀況相對照，以批判黑格爾思想「理論與實踐」的差距。

因此，在《黑格爾法哲學批判》中，馬克思認爲，黑格爾透過世界精神在現實世界的具體顯現，說明普魯士的政治和法律狀況，是一種爲現狀辯護的作法，而且違背其辯證法所蘊含的批判精神；而且，馬克思認爲，普魯士政府根本就不能保證讓普遍、公平和正義能夠在人世間獲得實現，這可以反證普魯士政府根本不是世界精神的具體顯現；因此，不能從透過世界的本體顯現來說明普魯士的現狀；而反過來，應該從人的現實物質生活，由下至上的來解釋普魯士政府和社會，何以會形成當時的結構和狀況。[35]

延續《黑格爾法哲學批判》的基礎，馬克思在《手稿》中認

---

[35] 同[4]，頁 123, 141-142, 147。

爲，辯證法絕不能與對本體的解釋連結在一起，而必須落實到現實的人的生命和生活之中。這種將辯證法凡俗化的工作，馬克思是透過對黑格爾辯證法和費爾巴哈思想的批評而完成的。馬克思認爲，透過對費爾巴哈和黑格爾思想優點的綜合，就應將人的生命和生活看成是一種辯證的過程——亦即看成活生生的人與多采多姿的大自然的互動過程；不過，馬克思又認爲，這種凡俗化的辯證法之所以可能的基礎，並不是人的抽象精神勞動，而是具體的勞動。作完了這兩個工作後，馬克思在《手稿》中進行對黑格爾辯證法的批評，他認爲一方面要揚棄它的神秘外衣，而另一方面則要繼承它的合理內核，所謂揚棄神秘的外衣，就是要打掉黑格爾本體義的辯證法；至於繼承合理的內核，就是發揮黑格爾變動不居的世界觀，或者說更明白一點，就是要發揚黑格爾的歷史主義或「歷程才是實在」的看法。值得注意的是，馬克思在《手稿》中，是承續費爾巴哈的人本學和自然主義，將人的生命和生活看成是「卽生命、生活卽辯證」。因此，他認爲人透過具體的勞動，將自己的理性、天賦能力和體力外化、客觀化和對象化在大自然中，從而改進自然、創造自然，才得以成就自己的生命和發展自己的生活。不過，馬克思認爲這種卽生命、生活卽辯證的看法，充其量只是站在人本學、自然主義立場上所推衍出來的結論，❸ 對於現實的事實是無能爲力的。

馬克思認爲，在現實的資本社會中，存在着異化勞動的現象，這就表示，在實際的社會中，人的勞動並不是自己能當家作

---

❸ Jordan, Z. A; *The Evolution of Dialectical Materialism: A Philosophical and sociological Analysis* (New York：St. Martin's Press, 1967), pp. 58–64, 66–79, 87–98.

主的勞動，而是受制於社會和歷史條件的勞動；因此，透過這種
形式的勞動，人不是成就自己，而是喪失自己。而吾人如果想要
讓人能夠重新當家作主的支配自己的勞動，就必須消滅這種異化
勞動；職是，馬克思認為，若要使辯證法與現實的人生相結合，
就必須是即「現實的」生命、生活即辯證，而人與自己的勞動
和勞動產品相分離的異化現象，成為人們必須克服、超越的對
象。

　　馬克思在《手稿》中，贊揚費爾巴哈將宗教凡俗化、學問
凡俗化和人學凡俗化，從而認為世間的一切學問應該是有關於
「人」的學問，而當他清算黑格爾辯證法，總結出要繼承其歷史
主義時，又進一步的認為，世間的一切學問，其本身就是歷史。
因此，馬克思在《德意志意識型態》中，就企圖透過歷史回溯的
方法，指出人的生命和生活如何在歷史之流中發展演變，而且呈
現不同的型態。❸

　　馬克思在《型態》中，透過生產力與生產關係的矛盾統一的
辯證發展過程，說明為何在歷史的發展過程中，分工和私有制會
導致資本與勞動、土地與勞動以及智力與體力分離的異化勞動現
象。因此，在這本著作中，辯證法被歷史主義化，變成即現實的
歷史即辯證，而其成立的基礎，乃在於階級的鬥爭和革命──亦
即透過階級的鬥爭和革命，歷史才呈現正反合的發展。

　　站在這種即現實的歷史即辯證的立場上，馬克思在〈共產黨
宣言〉中，才會狂妄地說「人類的歷史是一部階級鬥爭史」，而

---

❸ Allen Oakley, *The Making of Marx's Critical Thinking A Bibliographical Analysis* (Routledge & Kegan Paul Press, 1983), pp. 32–34.

且企圖爲無產階級和「共產黨」指出「資本主義必然敗亡」的歷史發展方向。

儘管馬克思排斥了黑格爾本體義的辯證法；但是，當他在談卽現實的生命、理想的生活卽辯證，以及卽現實的歷史卽辯證時，事實上卻必須預設人的生命和歷史是依辯證的規律在發展的；因此，當馬克思從一八五〇年代末期以降，於大量研究經濟學並受實證主義影響後，便在「科學」的外衣下，狡猾地重新披上黑格爾辯證法神秘的外衣，認爲人類的歷史是依鐵的辯證規律在發展着；此時，辯證法成爲獨立於人之外，不依人轉程的歷史法則，它已經喪失掉原來所具有的人本學和自然主義的意義，而且向科學主義（Scientism）投降。❸

馬克思在《手稿》中所強調的異化勞動現象，依照馬克思「卽歷史卽辯證」的觀點來看，正是資本主義社會化的生產力與個別化的生產關係發生矛盾，而使勞動者與資本家處於階級的分殊和對立所致。換句話說，在勞動者身上發生異化勞動的現象，正表示資本主義社會的生產力與生產關係已經處於矛盾的階段，而且正形成階級的剝削與對立。

（三）馬克思歷史唯物論與其「勞動」範疇

馬克思在《手稿》以前的重要著作中，並沒有正式處理過勞動概念，例如在《黑格爾法哲學批判》中，馬克思著重討論君權（monarchy），主權（sovereignty）等黑格爾政治哲學的範疇，以及土地財產和長子繼承制（primogeniture），而在「論猶太人問

---

❸ 所謂科學主義，簡單的說就是認爲自然科學的方式可以被用來解釋人世間所有的現象。

題」中，儘管馬克思提到金錢是人的勞動的異化了的本質，但是他並沒有對勞動概念進行討論，一直到《手稿》，馬克思才從哲學、經濟學的意義闡釋勞動概念，換句話說，勞動概念是馬克思巴黎手稿的中心概念，但是，馬克思把它和許多經濟現象、哲學範疇關連在一起；因此，我們可以說馬克思在《手稿》中並沒有清晰的勞動概念，而使後人對它的瞭解倍感困難。

馬克思在《手稿》中從以下兩方面來討論勞動概念：（1）自然主義的立場（或人與自然的關係）；（2）人本主義的立場（或人與動物的區別，以及人在歷史、社會中的定位）。

（1）自然主義的立場——深受費爾巴哈自然主義的影響，馬克思在《手稿》中認爲，人直接地是自然存在物，因爲人是自然界的一部分——人必須靠自然界生活——而自然界是人的無機的身體，換言之，馬克思認爲人只有憑藉不依賴於他的自然界，才能表現和確證自己的生命，而反過來說，自然界就是人表現和確證自己生命所不可或缺的對象；❸ 因此，馬克思更進一步指出自然界是人和人的勞動存在的前提，它一方面提供人肉體、感性存在所需的直接資料，另一方面更提供人通過勞動生產生活所需的材料；所以，自然界首先是作爲人的直接的生活資料，其次才作爲人的生命活動（生產生活）的材料、對象和工具。❹

在這種人與自然的關係中，馬克思認爲人一方面作爲受制約的、自然的、感性的對象性存在物——這與動物沒啥兩樣，而一方面則作爲具有天賦、才能和生命力的能動自然存在物，因爲，人會透過勞動這種生產生活的生命活動，展現人的天賦、才能，

---

❸ 同❼，頁 167–169.
❹ 同❼，頁 92–93.

而把自然界變成人生命或生活的一部分。換句話說，人並不會只屈從於自然事物的制約來過生活，而會透過勞動加工賦予自然事物不同的形式、內容和意義，以表現人眞實的生命和生活。

因此，在馬克思看來，作爲自然存在物的人，雖然他的生產生活的生命活動——勞動，必須以自然界的存在爲前提、爲條件，但是作爲一種「人的」自然存在物，人在自然界生產、表現自己的生命、呈現自己生活的意志和意識，却是人的勞動的主要動力。換句話說，人之所以成其爲人，並不是像其他動物一樣，受到自己肉體需要的驅迫，與自然界產生直接的、幼稚的、單純的、受自然界制約的關係，而是會使自然界成爲自己生產生活的生命活動的資料、工具和手段。❹

由以上的論述可知，馬克思站在自然主義的立場認爲，單純、直接、幼稚的吃、喝和性等行爲，只是人的動物機能，它們並不能顯示人之所以爲人的特殊之處，而唯有生產生活的生命活動——勞動，才足以把人同動物的活動區別開來；儘管人的勞動具有自然世界對它所加諸的制約性，但是其中包含了人延續生命、追求生活和確證自己的意志和意識作用。因此，在馬克思看來，人的勞動是一種帶有物質制約性的工具性勞動，而要全盤瞭解馬克思的勞動概念，就必須進一步透過馬克思的人本學立場，來進一步掌握。❷

(2) 人本主義學的立場——由前面的論述可知，馬克思認爲動物的生命活動是直接、單純，而毋須再生產、再創造的活動，因此，動物和它的生命活動是直接同一的，它本身直接地就是這

---

❹　同❼，頁 95-97.

❷　同❼，頁 121-127.

種單純的生命活動；但是，人的生命活動是人的意志和意識的對象，其中隱含了人延續生命、追求生活和確證自己的目的概念，以及人內在的種種尺度和看法。所以，馬克思認為：①動物只是在直接的肉體需要的支配下生產，而人甚至不受肉體需要的支配也進行生產，並且只有不受這種需要支配時才進行真正的人的生產；②動物只生產自身，而且它本身直接地就是這種單純的生命活動；但是，人在生產生活的同時，也再生產整個自然界，而且可以自由對待自己的產品；③動物只是按照它所屬的那個種的直接、單純的尺度和需要來進行活動，而人却懂得按照任何一個種的尺度來進行生產，並且懂得處處把內在的人的尺度運用到對象上去，因此，人也按照美的規律來建造。❸

換句話說，馬克思站在人本主義的立場認為，雖然自然界是人表現和確證自己生命所不可或缺的對象；但是，唯有人透過生產生活的生命活動改造、再生產自然界，人才真正是個活生生的人；因為此時人能夠在他所創造的世界中直觀自身生命的存在和生活的發展，而如前述，生產生活的生命活動是人自己意志和意識的對象，因此，這樣也等於是說人在人的意識和意志中能動地、現實地復現自己。

論述至此，我們很清楚地瞭解，馬克思透過人本主義、自然主義的立場，說明人在自己的生命活動中對象化自己的天賦、才能和個性，從而享受到個人生命表現的愉悅；但是，馬克思認為人的生命活動和享受，無論就其內容或存在的方式和意義來說，都是社會性的，因為每個人都直、間接地是別人生命和生活的補充，是別人不可分割的一部分，職是，在個人自己的生命活動

❸ 同❼，頁97.

中，不僅表現自己的生命，而且也直、間接地創造了別人生命的表現；換句話說，在勞動中，個人直接證實和實現了人的眞正的社會本質，所以，馬克思認爲個人是社會存在物，他的生命表現，同時也就是他的社會生活的表現和確證。㊹

有了以上的認知作基礎，馬克思認爲人類的歷史不外是人通過這種具有物質制約性、主體能動性和社會性的勞動，以改造自然界、生產生活的過程，而這又表示人的勞動是具有歷史性的，職是，除了人主觀的天賦能力外，勞動的內容和形式，是以往歷史的產物。

而在《型態》中，馬克思認爲人類歷史的第一個前提是有生命的個人的存在，這也就是說，人類的歷史，是與人的延續生命，生產自己生活直接同一的；而爲了要延續生命，人首先就要滿足衣、食、住以及其他東西的需要，因此人的第一個歷史活動，乃是生產滿足這些需要的資料、工具和物質生活條件；而已經得到滿足的需要和爲了滿足需要的活動和工具，又會引起新的需要，這些新的需要又促使人們進行生活資料的生產——勞動；不過，馬克思認爲，人們用生產生活資料的方式，首先取決於他們所得到的現成資料，和需要再生產的生活資料的特性；換句話說，在人的勞動過程中，人的天賦能力和主觀意識的作用，是要受到自然條件和旣成事實的特性所制約的。

此外，馬克思認爲，當人進行生活資料的生產時，「立卽表現爲雙重關係；一方面是自然關係，另一方面是社會關係；社會關係的含義是指許多人的合作。」㊺它對於人改造自然，生產生

㊹ 同❼，頁123.

㊺ 同❾。頁33.

活的關係，具有制約作用，因爲「生產本身是以個人之間的交往爲前提的」，❹ 人們只有以一定的方式進行交往，人改造自然，生產生活的勞動，才能成爲現實；因此，人的觀念、思維和精神作用，除了要受自然條件、旣成生活資料的制約外，更須受社會關係的制約；換句話說，馬克思認爲，人的思維和意識首先是人作爲自然存在物的直接產物，其次更是人的生產生活和社會關係的反映，所以，馬克思說「意識在任何時候都只能是被意識到了的存在，而人們的存在就是他們的實際生活過程。」❹

正如前面所說，馬克思認爲人類歷史的第一個前提是有生命的個人的存在，所以此時所需要確定的第一個具體事實就是個人的肉體組織，以及受肉體組織制約的人與自然界的關係，而絕不是如許多人所說的作爲人的本質的意識、思想和自然界的關係，馬克思認爲唯有在人改造自然、生產生活的勞動發展過程中歷鍊，人的意識和思想，才不斷地由於「意識到不同歷史階段的不同存在」， 而顯現出不同的形式和面貌。 準此以觀， 馬克思在《型態》中所認爲的勞動，是指人在一定的社會關係中，站在旣有的生產水平上，製造和使用工具和資料來改造自然，使其適合人的需要的工具性活動。

透過這些論述，我們很清楚的瞭解，馬克思在《手稿》中，由於採取人本主義的自然主義的立場，使他在說明勞動概念時，並沒有抹煞人的意識、思想的主動、自主的作用；但是，在《型態》中， 馬克思顯然刻意抹煞這一點， 而只從勞動的物質制約性、社會性和歷史性來討論勞動。我們都知道，拋開人的社會性

---

❹ 同❾。頁 34.
❹ 同⓱。

和物質制約性來談人的勞動和生活，當然是空洞，甚至是不可能的；但是，脫離人主動、自主的意識和意志作用來談人的勞動和生活，則簡直是盲目，而且是不可思議的。

但是，馬克思在其晚期的著作《資本論》中，却進一步發揮這種「不可思議」的勞動概念。他認爲勞動首先是人調整、控制人和自然之間物質交換的過程，從而更是「一個歷史上……獨特的生產關係中」進行的生產過程，社會關係（最主要是生產關係）旣是勞動過程不可缺少的前提，又是勞動過程必然形成的產物，換句話說，勞動過程是勞動的物質內容和社會歷史形式的有機統一。

綜合以上的說明，我們可以將馬克思的勞動概念的意義歸納如下：(1) 勞動被用來指涉生產，這是一種工具性的生產勞動，這種勞動成爲創造生活資料和財富的基礎，而且爲人類的社會、經濟制度和發展過程，提供唯一有價值的最終解釋；(2) 勞動被用來指涉滿足 (gratification)；馬克思認爲勞動是滿足人各種不同需要的手段，唯有這樣，人才可以透過勞動來彰顯、確證和表現自己的生命；(3) 勞動是具有物質制約性、社會性和歷史性的過程。而值得注意的是，隨着馬克思政治經濟學思想的開展，在晚期著作《資本論》中，馬克思著重透過社會性、歷史性來論述人的勞動。❹

---

❹ Berki, R. N. "On the Nature and Origins of Marx's Concept of Labor," *Political Theory* Vol. 7, No. 1, February, 1979, pp. 35–54.

二、哈伯馬斯對馬克思歷史唯物論的批判

哈伯馬斯對於馬克思歷史唯物論的批判，筆者擬以條列的方式來進行：

（1）馬克思透過自然主義人類學的途徑，企圖把歷史「還原」給人，一方面以現實的人的存在作爲歷史的前提以及研究起點；而在另一方面又以現實的人的「勞動」作爲歷史研究的敍述起點。亦卽，馬克思以「勞動人」作爲社會與歷史的基本元素，社會與歷史是「勞動人」之間互相作用的系統和過程。但是，馬克思所謂的「勞動」，基本上是指在目的的意識關照下的工具性（社會）勞動。這種看法失之簡陋；❹ 因爲，人的整體的生命勞動絕不只是單純的工具性勞動，而更是使用語言符號的溝通互動。❺

旣然馬克思認爲人是社會的存在和歷史的存在，這表示他本應該瞭解人之所以是「社會性──歷史性的存在」，乃因人是置於一「符號──意義」的領域中。有了「符號──意義」領域作爲中介，人透過語言符號的使用和溝通，才能使其整體的生命和勞動（包括工具性勞動）成爲可能。而馬克思囿於其自然主義人類學的考慮，却將人運用符號的作爲化入物質的生產勞動中。這也就是說，依照馬克思對人的看法，其勞動概念本應包含以語言符號爲中介的社會互動的面向；但是，馬克思基於保持自然主義

❹ Thomas McCarthy, *The Critical Theory of Jürgen Habermas* （臺北：唐山出版社，1985）pp. 16-40.

❺ *Idem.*

人類學優位的考慮，却把社會發展的最終原因歸結爲人對自然界的改造關係；因此，爲了避免「把人對自然界的關係從歷史中排除出去了，因而造成了自然界和歷史之間的對立。」❺¹馬克思就將人的整體的生命勞動化約爲人與物質環境之間的工具性互動。

（2）馬克思在《關於費爾巴哈提綱》中曾經批評包括費爾巴哈在內的唯物論的認識論，不能從人整體的生命實踐去理解認識對象；因此，不是把認識對象當成是永不改變的外在世界，就是以純粹感覺直觀的形式去理解外在世界。馬克思認爲，人是以整體的生命活在歷史之流所形成的社會和自然現實中，人和自然世界發生關係，絕不是僅以感覺直觀，而是以人的「社會性──歷史性存在」爲基礎所形成的整體生命實踐作爲中介，因此，人類認識能力是整體的生命實踐中發展起來的，而人們認識世界不只是爲了解釋世界，而是爲了改變世界。這也就是說，馬克思企圖透過「實踐」範疇來解決主客體對立的問題，在主客體辯證的關係中，將人類的認識活動納入整體的生命實踐中。

由以上的論述可知，馬克思所謂的「實踐」是指人之形構世界和確證、發展自我的整體生活。但時，馬克思建構歷史唯物論，是從自然主義的人類學的考慮出發，著重人與自然的統一，因此，他強調人類史是與整個自然史直接連續在一起的，反對把人和自然界的關係從歷史中排除出去；在這樣的認知下，馬克思就以人對自然界的工具性勞動作爲歷史唯物論的敍述基礎，這與其爲了解決主客對立而提出的「實踐」範疇之間，存在著嚴重緊張而且不協調的關係。換句話說，馬克思的自然主義心態，使其「實踐」範疇和歷史唯物論無法統一起來。而馬克思的經濟、政

❺¹ 同❾，頁44.

治和社會理論，基本上是一種批判理論，其目的在使無產階級能夠自我反省，有所覺醒，並進一步訴諸「階級鬥爭」和「暴力革命」的實踐，實踐是馬克思標榜其思想不同於當時代社會主義思想的重要標誌；再而，馬克思的經濟、政治和社會理論是以歷史唯物論爲基本架構，其間是具有理論的內在聯繫性，但是歷史唯物論不但以人的工具性勞動作爲敘述起點，而且以從事工具性「勞動的人」作爲其研究的起點，邏輯的起點；因此，若從馬克思自然主義的人學體系著眼，其經濟、政治和社會理論與歷史唯物論之間是否具有內在聯繫性則大成問題。

（3）馬克思順著人類學的途徑認爲，生產力與生產關係的辯證互動是因著人從事物質生產勞動而發展起來的，這種辯證互動並不像黑格爾所說的是普遍客觀的理性力量關照下所產生出來的。這固然是對黑格爾觀念論歷史觀的很大「反動」；但若細究馬克思的歷史唯物論，我們會發現馬克思相當重視以生產關係爲基礎所形成的社會關係網絡和上層建築對人的思想、行爲和命運的作用，因此，馬克思在〈政治經濟學批判序言〉對於歷史唯物論作總結時才會著重指出：「不是人們的意識決定人們的存在；相反，是人們的社會存在決定人們的意識。」❷而就由於如此，人就處於命運的因果鎖鏈的束縛中，當社會的生產關係與生產力發生矛盾，並且變成生產力的桎梏時，就會激起人們的警覺，想要改善原來的生產關係，生產關係改變之後，人雖然又會墜入另一個生產關係中，但是，這表示馬克思順著人類學的途徑，在歷史唯物論的理論建構中認爲，人類社會發展的「規律」，並不是人力所不可改變的鐵的因果規律，命運的因果之所以發生作用乃

---

❷ 同❸，頁 8．

因人們沒有意識到它，當人們意識到它以後就可以改變它。

　　不過，後來馬克思在《資本論》三大卷中專門針對自由資本主義社會型態，不但對它的運作發展作出詳盡的分析，而且認為其運作發展是在鐵的規律的支配下進行的，人力絕無法改變自由資本主義的發展趨向。這就使得馬克思原來的「自然的歷史化」轉變為「歷史的自然化」(naturalization of history)，❸ 這種斷裂性的轉變，不但使馬克思的歷史唯物論墜入「科學主義」(scientism) 的窠臼，而使其「實踐」範疇失去任何意義，淪為機會的寂靜主義 (quietism)。

　　(4) 在前面的論述中，馬克思的歷史唯物論事實上相當重視以生產關係為基礎的社會關係網絡和上層建築對人們思想、行為和命運的影響作用。這也就是說，馬克思認為除了自然世界之外，還有一個不依人的意志為轉移的「社會關係」世界和意識型態領域。這種世界雖然是既往人類生命實現和客體化的場合，但是也作用影響現存人類的生命運作。這表示，雖然馬克思基於對黑格爾觀念論的反動，將人的「生命」，不看作形上的實體，而是一種動態的、歷史性實在；但是，人的動態的「歷史性」實在之所以可能，必須通過延續着歷史傳統的客觀社會世界和意識型態領域才能實現。

　　不過，馬克思認為，人類社會今因不合理的階級和權力關係，而使意識型態成為一套階級宰制工具的「虛偽意識」，這套

---

❸ Wellmer, Albrecht, "Communications and Emancipation：Reflections on The Linguistic Turn in Critical Theory," in ed. by John O'Neill, *On Critical Theory* (New York：Seabuty, 1976), pp. 235-236.

「虛偽意識」成為階級宰制「合法化」的基礎，而馬克思批判理論的目的，本在於指出資本主義社會中表現資產階級的意志的「虛偽意識」，並進而鼓動無產階級透過暴力革命，從推翻「不合理」的階級和權力關係，擺脫資本主義社會意識型態的束縛。但是，由於歷史唯物論下層基礎決定上層建築格局的限制，使馬克思著重對資本主義社會不合理的權力和階級關係的批判，而忽略所謂「虛偽意識」的分析；就因為馬克思的政治經濟批判理論忽略「意識型態」的批判和反省，就使馬克思無法處理「人類社會如何建立合理的意識情境」的問題，所謂「不合理」的權力和階級關係的打掉，並不必然意謂「合理的意識情境」的建立。

(5) 儘管馬克思基於對黑格爾觀念論歷史觀的反動，而以自然主義的人類學為依據，企圖將歷史「還原」給人；但是，事實上，馬克思這一番歷史唯物論建構的過程，乃是基於其認識人以及人所創造的社會和歷史的能力。任何歷史觀的形成，都是奠立在人認識自己以及人所創造的社會和歷史的能力上，沒有這種能力，人類的生命就不能成為動態的「歷史性」實在，而任何對歷史的詮釋也變成不可能。當然，這種能力是人置於時間之流中而產生的。而這也就是說，人不但創造社會和歷史，活在社會和歷史中，而且還必須去認識社會和歷史，這樣歷史才真正成為人的歷史。

人無法透過無謂的玄想，也無法透過心理學實驗去全然地掌握人自己；人必須透過歷史來了解自己。在人的生命歷程中，「現在」渺不可得；所謂的「現在」，總是包含著對剛過去的「現在」的記憶和了解。這也就是說，在人的生命歷程中的任何時刻裏，「過去」對「現在」都有其影響和意義，人必須承繼「過

去」對「現在」的影響和意義，生命才會成爲一個不斷延伸的統一體，而人之所以能夠承繼「過去」活在「現在」向未來發展，基本上乃因人具有認識自己和人所創造的社會和歷史的能力。❸

馬克思透過人的工具性勞動說明人如何在現實世界生活，雖然也意識到人是一種歷史存在；但是，馬克思沒有從人（整體的生命表現）認識自己和人所創造的社會和歷史的能力，來說明人的歷史存在如何可能的問題，這無疑是馬克思歷史唯物論的不足之處。

(6) 透過以上的論述可知，馬克思以「現實的人」作爲歷史的邏輯起點；但是，馬克思囿於自然主義，在將人的整體生命勞動化約爲工具性勞動的同時，他並沒有處理有關人的勞動能力、認知能力、學習能力和言語能力的問題，這就使其歷史唯物論無法成爲嚴謹的人類學途徑關照下的完整理論。

此外，馬克思認爲生產力的提高（意味着人類技術控制能力的拓大）和生產關係相應的改變（透過批判、階級鬥爭和暴力革命）是人類社會發展兩大重要表徵，強調生產力提高的重要性，是馬克思自然主義心態的表露，不過，這也表示馬克思期望人類工具理性能夠透過技術的發展，不斷趨向「合理化」(rationalization)；而強調透過批判、階級鬥爭和暴力革命，因應生產力的提高，改變生產關係，這是馬克思標榜「實踐」的邏輯發展，而其目的是期望人類社會的生產關係也能相應於生產力的提高，不斷趨於「合理化」。

馬克思的自然主義心態——再加上工業革命的影響——使他

❸ 張旺山，〈狄爾泰的《歷史理性批判》之研究〉，臺北：國立臺灣大學哲學研究所碩士論文，民國七十三年，頁98-99.

有科技主義的傾向，在這種科技主義的主導下，馬克思給予工具理性絕對的優位地位（他著重強調生產力提高的重要性，而生產力提高的關鍵在於人類工具理性的發揚），而工具理性的發展，會使人只著重強調達成目標之手段的有效性，不同價值或目標的合不合理，這基本上不但會使人的價值判斷理性或道德理性逐漸陷入痲痺的狀態中，❺而且也會使人的整體生活實踐成為不可能；因此儘管馬克思企圖改變「不合理」的生產關係來配合生產的提高，然而在「工具理性」高漲的情況下，人類社會縱有合理的「生產關係」，人還是無法從事整體的生命實踐的。因此，馬克思的歷史唯物論著重生產力優位，不對它進行思考反省，從而使作為實踐和認知主體的人，沒有整體的生命表現，而只有單薄的工具性勞動，這無疑是馬克思歷史唯物論最大的缺失之處。

再而，人類社會改變生產關係的目的，乃在於使人與人之間的交往和溝通趨於合理性，而所謂「合理性」乃是指免於意識型態和權力關係的宰制，形成一種公平的交往和溝通情境。馬克思只著重強調相應於生產力的提高，改變生產關係的重要性，而並沒有解決公平的交往和溝通情境如何可能的問題。

（7）馬克思的歷史唯物論認為，以生產關係為基礎所形成的社會經濟結構，是人類社會「法律的和政治的上層建築豎立其上並有一定的社會意識形式與之相適應的現實基礎。」❺這是馬克思心中「放任資本主義情結」的自然表露，這種「情結」的基本預設是「政治是無能的」——因為放任資本主義社會是在「政治

---

❺　黃瑞棋〈法蘭克福學派簡述〉，收編於中國大陸研究教學參考資料第七期（臺北：中央文工會，民國七十二年二月），頁 70-71.

❺　同❺。

不干涉原則」下運作的；但是，目前，隨着國家不斷介入社會的
經濟運作，自由市場的功能逐漸被國家這隻可見的手所取代，這
就表示國家不但可以透過改變意識型態和溝通的結構來改變上層
建築，而且可以透過重建社會的經濟活動以及消滅經濟危機傾向
來改變人類社會的經濟基礎，在這種情況下，馬克思歷史唯物
論有關下層經濟基礎和上層建築之間關係的看法就必須重新被評
估。亦卽，隨着「政治干涉原則」取代「政治不干涉原則」，政
治不再只是屬於上層建築的範圍，它已經成為西方社會經濟運作
之可以可能的最重要主導力量。

（8）既然，放任資本主義社會是在「政治不干涉經濟」的原
則下運作的；那麼，只要自由市場的運作能夠持續下去，政府就
可以繼續得到民衆的支持和認同，從而不斷具有合法性；而如果
自由市場運作發生問題（如生產過剩、利潤率下降等），不但經
濟系統會發生危機，就連政治系統也會陷入合法性危機（legiti-
mation crisis）的困境中；就因為如此，馬克思才會認為，在放
任資本主義社會中，下層經濟基礎基本上決定上層建築，尤其是
政治系統。

但是，哈伯馬斯認為，現在歐美的高度發達的資本主義社會
（advanced capitalism society），不管是實行「福利國家」或「國
家資本主義」政策，基本上都是在「政治干預原則」下運作的。
這也就是說，在高度發達的資本主義社會中，國家透過財政政
策、貨幣政策等行政手段，積極介入經濟體系的運作，其結果當
然在相當高的程度上可以解決很多經濟危機，從而使因為經濟系
統危機所導致的政治合法性危機的可能性，比起放任資本主義社
會就低得很多。

　　不過，國家介入經濟系統，干預自由市場運作，基本上必須遵守自由市場的價值規律、公平競爭和公平交易的原則，違背了這些原則，或者解決不了經濟問題，就會出現國家行政干預的「合理性」危機；此時，非但經濟問題無法解決，同時也會因為公平競爭、公平交易原則的被侵犯，而使得社會的文化系統發生動機的危機（motivation crisis）。

　　哈伯馬斯認為，在高度發達的資本主義社會中，國家不只介入社會的經濟系統，而且介入社會的文化系統（例如改善民衆的居住環境和休閒享受水平等）；因此，國家所面臨的問題可以說是錯綜複雜、鉅細靡遺的；在這種情況下，國家就唯有依賴技術專家來負責解決各種複雜萬端的問題，從而形成「技術官僚政體」（technocracy）。相應於這種「技術官僚政體」所形成的便是一種「精英主義」的「形式民主政治」；因爲，一般民衆對許多由技術專家負責處理解決的問題，根本毫無能力發表任何意見；就由於如此，一般民衆往往根本不能直接參與政治系統的運作，而充其量只能行使選舉權，然後對政治系統提出一些需求而已；在這種情況下，一般民衆通常會形成兩種心態來面對「精英主義」的「形式民主政治」。這兩種心態分別是「市民的私己主義」（civil privatism）和「家庭──職業的私己主義」（familial-vacational privatism）。前一種心態是指一般民衆只能從自我中心主義對政治系統提出需求，希望技術專家能夠幫他們解決這些需求，給他們帶來福利和好處，但對於技術專家如何處理他們的需求則無能過問；而後一種心態是指一般民衆認爲，旣然無法亦無力直接參與政治系統中技術專家處理問題的過程，那麼就只好致力於追求職業、地位的成就，以及個人、家庭在消費和休閒方

面的享受。⑰

　　但是；值得關切的是在「技術官僚政體」的支配下，一般民眾能否持續不斷以上述這兩種心態來使自己安身立命呢？哈伯馬斯認爲，這是相當困難的。因爲，技術專家往往會自比爲神或上帝，而將一般民眾當作是靠他們關照的羊羣；如此一來，民眾對政治系統的絕對信任和效忠，就被視爲絕對優於對政治系統的需求，其結果便是民眾企圖透過對政治系統提出需求從而得到好處的「市民私己主義」動機就受到傷害；此外，由於政府對自由市場的干預，往往侵犯公平競爭和公平交易的原則，這不但導致行政的「合理性」危機，而且也使民眾企圖當家作主地透過自由市場的公平競爭、公平交易來追求職業地位成就的「職業利己主義」動機受到很大的阻碍；再而，政府透過對貨幣、價格和消費體系操縱控制的失敗，以及對物品產銷、分配的不當，也在很大程度上使個人和家庭的自由消費和休閒享受，變得窒碍難行。⑱簡言之，哈伯馬斯認爲，在「技術官僚政體」的籠罩下，政府不但會因介入經濟系統而發生行政「合理性」危機，同時也會因介入社會的文化系統而形成一般民眾的生活動機危機。動機危機一發生，社會文化系統就不再提供政治系統合法性的基礎，這樣就會使政治系統出現合法性危機。

　　透過以上的論述可知，在哈伯馬斯看來，高度發達的資本主義社會的危機，並不是總的表現在經濟危機中。因爲，其間會因國家大量介入經濟系統和文化系統的運作，從而使經濟系統的危

⑰ Jürgen Habermas, *Legitimation Crisis*, tr. by Thomas McCarthy （臺北：唐山出版社，1985), pp. 75-78.

⑱ *ibid.*, pp. 80-84.

機被轉移爲政治系統的行政「合理性」危機和合法性危機，以及
文化系統的動機危機。如此一來，馬克思有關放任資本主義社會
的危機理論，基本上是不再適用於高度發達的資本主義社會。

第四章　意識型態的反省與批判

在一八〇一年至一八〇五年間，法國思想家特拉西 (Destutt de Tracy, 1754-1836) 面對大革命所造成的社會大動亂，潛心研究啟蒙運動(the Enlightenment)。他承襲啟蒙運動的看法認為，人類是可以透過正確的社會知識來改進現實的社會和政治情況，從而改善人類生活的。不過，正確知識形成的基礎乃在於正確觀念的建構；因此，特拉西轉而針對「正確觀念如何形成？」這個問題加以研究，從而形成所謂「觀念之學」(science of ideas)，並以「意識型態」(Ide-ology) 一詞示之──因此，意識型態就指發現真理與消除迷妄的一套技巧或學問。❶ 由於特拉西從事「觀念之學」研究的目的乃在於社會和政治的改進，因此，在特拉西手中，意識型態便與政治緊緊地聯繫在一起，從而具有積極的意義。但是，由於拿破崙指責特拉西及其跟隨者，只是玩弄理論、觀念的「意識型態家」(idéologues)，「意識型態」一詞便開始具有貶抑的意味。因此，當十九世紀初，「意識型態」一詞被開

---

❶ Willard A. Mullins, "On the Concept of ideology in Political Science," *American Political Science Review*, Vol. IXVI, June 1972, p. 499. Leon P. Baradat, *Political Ideologies: Their Origins and Impact*. New Jersey: Prentice-Hall, Inc., 1984, pp. 5-6.

始使用時，它便具有積極和貶抑兩種意味。❷

　　而從十九世紀初以來，思想家大致上便是循着上述兩條進路來使用「意識型態」這個名詞。其一，將「意識型態」當成是指稱「思想系統」(systems of thought)和「信仰系統」(systems of belief)的描述性名詞；其二，從批判的角度，將「意識型態」與社會宰制(social domination)的維繫過程等同起來，從而使有關「意識型態」的分析和社會批判直接聯繫起來。

　　至於《社會科學國際百科全書》(*International Encyclopedia of the Social Science*)有關「意識型態」四種意義的說明，基本上也是按照上述兩條進路來進行的：❸ (1)「意識型態」是指一套旨在解釋複雜的社會現象，俾使個人或集團能夠有所依循並簡單化地從事「社會──政治」抉擇的符號系統；(2)「意識型態」是指一套建立在人為的假設基礎上的極端「社會──政治」想像，而這套想像主張對現狀進行激烈的改變；(3)「意識型態」是一套為統治階級利益和地位辯護的歪曲理念；(4)「意識型態」是指透過政治社會化過程，所形成的一套有關社會系統的有選擇性的或歪曲的理念。第一種意義的主要代表是薩炯(L. T. Sargent)在其《當代政治意識型態》(*Contemporary Political Ideology*)一書中有關「意識型態」的定義；而第二種意義的主要代表則是渥金斯(Frederich Watkins)的《意識型態的年代》(*The Age of*

❷ Willard A. Mullins, APSR., pp. 499–500;
John B. Thompson, *Studies in the Theory of Ideology* 臺北：唐山出版社, pp. 1–2.

❸ Harry M. Johnson, "Ideology and the Social System,"in David L. Sills ed., *International Encyclopedia of the Social Sciences*, Vol. 7, pp. 76–77.

Ideology）一書；❹ 至於第三種意義的主要代表是馬克思，而第四種意義則是第三種意義的拓大化。

基本上，「意識型態」這個語辭或社會現象，具有以下幾點值得吾人特別注意的地方，(1) 儘管「意識型態」一詞可被應用到其他情境中，但是，它最重要地是作為一個政治語辭；(2) 從實踐角度而言，意識型態都是行動取向的 (action-oriented)，它不只描述現實，提供一個「較好的」未來，而且指出達到目標的「正確」方向；(3) 從與社會的關係而言，意識型態總是面向羣衆的；(4) 從內容而言，因為意識型態要面向羣衆；因此，其所包含的語辭總是簡明扼要而且甚具煽動力的；(5) 儘管將意識型態視為社會穩定的重要基石的看法，是值得商榷的；但這並不等於說意識型態只是相對於「眞實」社會的幻想 (illusion) 或想像 (image) 而已，對於現實人生影響不大；而是說意識型態是存在於吾人現實社會生活中的「社會實在」(social reality)。在現實社會中，要自發地形成被社會整體成員所共同接受的價值和規範，並不是很容易；但是，由於現實政治力量和社會宰制關係的存在，意識型態會經由政治社會化的過程或其它政治強制手段，以各種形式（如哲學、藝術、文學、教育等），滲透到吾人的社會生活中來。

透過以上的論述，吾人雖對意識型態有初步的瞭解，但是並不能得到清晰的概念。因為，我們從以上的說明中，我們並不能從祕思 (myth)、烏托邦 (utopia) 和意識型態交錯的複雜文化現

---

❹ L. T. Sargent, *Contemporary Political Ideology*, reu. ed. Homewood, III: Dorsey Press, 1972, p. 1; Leon P. Baradat, *Political Ideologies*, pp. 7-8.

象中區分何者是屬於意識型態。意識型態與秘思、烏托邦最大不
同之處，乃在於其具有歷史意識 (historical consciousness)，而後
兩者則無。意識型態雖然像烏托邦一樣提出未來的目標或藍圖，
但是，它不像烏托邦那樣，沒有提出實現其目標或藍圖的作法，
它會提供具體的行動綱領或策略，以便實現其目標。至於使用符
號系統方面，秘思通常使用煽情的詩的文字來形構它的內容，以
便神化某個個人，而爲了神化的目的，其內容的舖陳通常是不具
有邏輯的一致性的 (logical coherence)；意識型態是以羣衆活動
爲取向，它是要從事羣衆動員，因此其所使用的符號系統通常是
具體明確的，而其理論內容也具有邏輯的一致性，以便讓羣衆能
依照它邏輯的行動；至於烏托邦在形構其內容時，通常是運用鉅
細靡遺的繁瑣符號系統來進行，這與意識型態的具體明確特性有
很大的不同。因此，要區分意識型態與秘思、烏托邦的不同，可
以着重在歷史意識的有無與符號系統的使用方式兩方面來進行。
如果想從是否能夠提供對週遭環境的認知、評估，以及對未來的
憧憬能力這方面來區分意識型態與秘思、烏托邦的不同，往往是
不易奏效的，因爲三者都具有這些功能。❺

　　基於以上的論述，吾人可以從五個標準來判斷到底那個文化
現象是意識型態。這五個標準分別是：(1) 歷史意識；(2) 邏輯
一致性；(3) 具體的綱領和策略；(4) 提供對週遭環境的認知能
力 (cognitive power)；(5) 提供對週遭環境的評估能力 (evalu-
ative power)。而我們如果按照這五個標準來爲意識型態下定義
的話，我們可以認爲意識型態是指在某種精密的 (sophisticated)
歷史觀的主導下，所形成的一套在邏輯上具有一致性的符號系

❺ Willard A. Mullins, APSR., pp. 502-507.

統，這一套符號系統，將個人對週遭環境的認知、評估，以及對未來的憧憬（image），與集體的行動綱領和策略連結起來，以便維繫或改變社會。**❻**

如果進一步由以上的定義來說明意識型態，我們知道意識型態最主要包括三大部分：(1)告訴羣衆什麼是最好的社會秩序（或最好的未來目標）；(2)告訴羣衆爲何這個最好的目標是最好的；(3)告訴羣衆如何透過具體的行動綱領或策略來達到目標。意識型態這三大組成部分最主要的目標是動員羣衆，要求羣衆認同其理念，並爲其獻身，受其支配。因此，一套成功的意識型態，首先必須經過心理說服的過程，使羣衆認同其理念，這是意識型態確立的首要步驟——符號化（symbolization）的步驟；而後，必須透過政治強制的過程，使個人或集團與意識型態不相容的慾望或需求，以及與意識型態相左的理論或信仰，完全從羣衆的公共溝通系統中排除掉，這是意識型態非符號化（desymbolization）的步驟；最後，意識型態會被塑造成獨立於個人之外，不依個人意志爲轉移的客觀存在，它成爲一種典範（paradigm），**❼** 並且爲個人或集團的思想行爲形構了一個背景世界（context），成爲個人或集團從事價值判斷或對週遭環境認知、評估時，不自覺地以它作爲依據。亦卽此時意識型態猶如自然般地對人產生命運的因果作用。這是意識型態典範化（paradigmization）的步驟。

因此，一套成功的意識型態，它可以使人們活在其形構的背

---

❻ *ibid.*, pp. 507–510.

❼ Thomas Kuhn, *The Structure of Scientific Revolution* 臺北：問學出版社，民國66年，頁 175。若依照庫恩對典範的看法，所謂典範就是某一社羣所共享的信念、價值和理論等。

景世界中，從事典範式或背景式 (paradigmatical or contextual) 的價值判斷，不自覺地受其影響。❽ 而以上的論述可知，意識型態的發展過程，不只具有合理的說服性（或權威性），也具有強制性和典範性；因此，意識型態在某個歷史狀況中，並不會被視爲眞理的倒置，而可能成爲眞理宣稱的依據；不過，值得注意的是，在其非符號化的步驟中，很容易造成社會的系統扭曲溝通；並且，在其典範化的階段中，很容易使人不自覺地變成非自主、負責的理性存在。

哈伯馬斯對於意識型態的分析，基本上是循着上述第二個進路來進行論述的。他認爲有關意識型態理論的舖陳，唯有在深刻的社會理論脈絡中進行，才能有令人滿意的結果。因爲，意識型態基本上是一套因爲不勻稱的權力關係 (asymmetrical relations of power) 所導致的「系統扭曲溝通」(systematically distorted communication)，而這一套「系統扭曲溝通」是透過語言 (language)、活動 (action) 和社會生活 (soical life) 表現出來的。職是，有關意識型態的研究，除了與社會理論的建構息息相關外，更與對語言的反省有密切關連。亦卽，研究意識型態（在某些方面而言）等於也是研究社會世界中的語言；而這也就是說，語言是人們活動和互動的手段，以語言作爲中介，人們才能創造歷史以及再生產社會。因此，有關意識型態的研究，絕不僅只是一種社會理論的建構，更是一套語言的分析。

就由於如此，哈伯馬斯認爲必須透過對人類「溝通能力」(communicative competence) 的分析，輔以「普遍語用學」

❽ H. Odera Oruka, "Ideology and Truth," in *Praxis International* 5:1 April, 1985, pp. 38-40.

(universal pragmatics) 的建構，舖陳出相對於「系統扭曲溝通」之「理想的交談情境」(ideal speech situations)，才能解決有關「意識型態」研究聚論紛紜的現象。❾亦即，在哈伯馬斯看來，必須透過語言學的轉折 (linguistic turn)，建構一套能夠體現人類自主性與責任感的溝通理論 (the theory of communication)，使人際間公平、開放而且自由的溝通成為可能，才能將作為「被扭曲的溝通系統」的意識型態，解消於人們日常生活的行動與互動中。哈伯馬斯認為，對於意識型態問題的解決，絕不能採取「以暴易暴」的方式，企圖沿用另一套新的信仰體系來取代既有的信仰體系；因為「理想的交談情境」的建立，是人類面對「系統扭曲溝通」，進而反省自己的溝通能力的可能結果，因此，它（指「理想的交談情境」）並不純粹是一種道德的要求或理想藍圖，而是在人類反省其語言溝通能力的過程中發展、確立，而且成為可能的。

　　上述有關「意識型態」研究的第二條進路之所以具有批判的意義，乃因其企圖以一「正確的」認知和理性的社會作為判準和歸趨，對社會進行批判，以解消人類的無知、蒙昧和既有的不合理的宰制現象。準此以觀，這種批判義的「意識型態」研究，事實上也具有深刻的啟蒙 (enlightenment) 意義。因此，有關「意識型態」問題源起的探討，必須配合對「啟蒙運動」(Enlightenment) 史的回溯，才能得到清晰的瞭解。

　　十七、十八世紀以降，由於自然科學以及經驗主義 (empiricism) 和理性主義 (rationalism) 哲學的發展，再加上文藝復興以

---

❾　關於哈伯馬斯對「溝通能力」和「理想的交談情境」的看法，筆者會在下一章「哈伯馬斯的溝通理論」中加以說明。

來人本主義（humanism）的影響，西方形成一股革命性的知識「啓蒙運動」。對啓蒙而言，人類透過科學的發展以及理性的理解、反省和批評作用，將可以擺脫各種錯誤和無知，進而建構出有關外在世界的正確知識，以及形成理性的社會秩序。

被譽爲近代實驗科學始祖的法蘭西斯‧培根（Francis Bacon, 1561-1626），是影響啓蒙的重要人物。培根認爲，透過奠基於感性經驗的歸納法的運作，人類就可以廢除心中的主觀主義、以偏概全、人云亦云、盲從權威等各種「假相」（idols），進而獲得對外在世界的眞正知識。

牛頓（Isaac Newton, 1642-1727）爲經典力學的確立，提供了「啓蒙」的一般理論背景。牛頓認爲，世界並不是在神的支配、關照下運作發展的，因爲它（指世界）是服從於一嚴整的因果性系統的力學規律的支配，這個力學規律不但可以被人類理性所認知，而且可以精確的數學的量的關係去把握。

近代理性主義陣營中對啓蒙影響最大的是笛卡兒（R. Descartes, 1596-1650）。笛卡兒對人類的理性有絕對的信心，他認爲這種信心並不是空穴來風，因爲人類能夠建構清晰嚴整的數學幾何體系。笛卡兒認爲，非心靈的實體都可以被化約爲純機械的概念（如位置、運動等），並給以數學計量的說明。透過數學幾何作爲中介，吾人可以知道，人類思想法則與外在實有的法則是具有相對應的關係的。⑩

從培根那裏，啓蒙思想家，如貢狄亞克（Condillac, 1715-80）和愛爾維修斯（Helvétius, 1715-1771）知道，透過奠基於感

---

⑩ 波亨斯基著，郭博文譯，《當代歐洲哲學》臺北：協志工業叢書，民國六十六年，頁1-2。

性經驗的歸納法運作，人類可以得到有關外在世界的真正知識；而培根的「假相」說 (the theory of idols) 更提供啓蒙思想家「社會偏見」理論建構的重要啓示。啓蒙思想家認為，各種偏見和假相，並不只是吾人心中的迷障而已，它們是不合理的社會制度壓抑的結果；從笛卡兒那裏，啓蒙思想家知道，主體的思維意識具有掌握外在世界實在性的能力；而從牛頓那裏，啓蒙思想家瞭解，旣然世界是服從於力學規律的支配，那麼社會也應當與自然沒有兩樣 (Nature-Like)，具有一合理的秩序可以被人所掌握。社會歷史進步的關鍵，乃在於不斷透過理性的反省，訴諸感官經驗的檢證，袪除種種的社會偏見和吾人心中的各種迷障和假相，以邁向合理有秩序的社會。綜合以上的論述可知，啓蒙的基本假設是宇宙間鉅細靡遺的各種層面和各種現象都是合理性的。因為外在世界是合理的，所以外在世界應該是按照許多合理原則運作的世界，而更因為人的理智是合理性的，人具有發現這些原則的能力；此外，由於人類的意志是合理性的，因此人能夠按照所獲得的外在世界的知識而過生活。[11] 亦即，啓蒙運動不只具有經驗主義的特性，而且更具有科學主義 (Scientism) 和樂觀主義的傾向，其最終的歸趨是一合理的有秩序的社會的建立。

不過，值得注意的是，啓蒙的思想立論基本上是在將社會看成是與自然一樣 (Nature-like) 的基礎上建構起來的。這種理論的預設，本身就是相當抽象，而且缺乏經驗基礎的，因為其使牛頓力學作了逾越範圍的應用，從而使社會自然化 (Naturalization

---

[11] W. T. Jones, *Kant and the Nineteenth Century: A History of Western Philosophy.* New York Chicago San Francisco Atlanta: Harcourt Brace Jovanovich, Inc., 1975, p. 100.

of Society）了。就因爲啓蒙把「社會自然化」，因此乃使其將自然當作吾人認知和行爲之所以正確有效的保證，從而背離了其所應具有的人本主義立場——追求人整體生命的尊嚴和價值。再而，人類感官經驗的能力，不只因人因時而有差異，同時也受到社會環境的制約；啓蒙思想家在建構「社會偏見」論時，採取知識社會學的角度認爲社會制度的壓抑是錯誤觀念的來源，但是，啓蒙思想家又認爲感官經驗是人正確觀念形成的根源，其間就很明顯地忽略掉人的感官經驗具有個別性、社會性、歷史性的差異這些事實。簡言之，就算不合理的社會制度的壓抑已經被取消，我們也不可能保證透過感官經驗可以獲得普遍有效的客觀知識。因此，儘管啓蒙在使人類掙脫無知、蒙昧的束縛方面，厥功至偉；可是它並沒有辦法說明正確知識之所以可能的條件，以及保證有秩序的合理的社會的建立，並且甚至會使人類陷入科學主義的假相和社會偏見中。

啓蒙運動將社會視爲與自然一樣，因此，對啓蒙而言，有關外在世界正確知識的確立是與有秩序的合理的社會的建立直接聯繫起來的。亦即，社會對於啓蒙思想家來說，基本上是作爲認識的對象，而對於社會的批評，基本上就是要確立關於社會的正確知識，以便保證有秩序的合理社會的建立。這種看法，基本上犯了將人類形構世界，發展自我的社會實踐生活化約爲認知活動的錯誤。因此，儘管啓蒙思想家基本上是採取人本主義優位的原則；但是，其自然主義的社會觀（Naturalistic View of Society），卻使其囿於所謂合理社會秩序和正確知識的追尋，而沒有進一步從主體的實踐能力以及社會現實性，探討正確知識的確立以及合理、有秩序社會的建立如何可能的問題。因此，啓蒙的樂觀自然

主義心態，面對其所揭櫫的理性「事實」和現實事實之間的差距時，便顯得蒼白無力。

啓蒙的樂觀主義，到了十八世紀末便受到嚴峻的歷史事實的挑戰。科技的發展與應用，原本被認爲可以毫無限制地改善人類的物質條件；可是，事實上却導致許多城市工人貧無立錐之地的現象（其生活的惡劣甚至比封建時代的農奴更爲惡劣）。法國大革命揭櫫人權宣言，並且宣告理性世紀的到來；可是，其結果竟是極端的恐怖統治（這種恐怖統治對人權的傷害比帝制更爲激烈）。❷ 如此一來，人們原先以爲可以理性的支配自己命運以及理解外在世界的信心開始崩潰了，取而代之的是，憎恨與恐懼佔滿了人們的心靈。於是，人們漸漸無法貞定自己，而且懷疑自己所肯定的價值的有效性，以及以有意義的方式和別人溝通的能力。

除了上述歷史的事實的衝擊外，休謨對人類理性的攻擊，也是促成人們開始反省啓蒙的重要因素。休謨認爲，在自然界中，事件之間並沒有必然因果關聯的存在，儘管我們所經驗過的自然好像是有秩序的，但是，並沒有任何證據足以說明這種秩序是必然的。亦卽，在休謨看來，自然界並沒有人的理性的心靈所能把握的合理性。

遭受來自歷史事實和休謨的雙重挑戰，啓蒙幾乎陷入無以爲繼的地步中。在這種時代的轉折期中，德國哲學家康德出而對啓蒙進行反省，並在透過對人類理性的批判中，不但囘答了休謨對於人類理性的攻擊，而且進而延續豐富了啓蒙的命脈。

康德認爲，儘管休謨攻擊「必然關聯」的看法，但是關於事實的「眞正的知識」還是可能的。不過，在肯定眞正知識的可能

---

❷ *ibid.*, pp. 9-10.

的同時，必須重視休謨有關人類理性的看法，找出人類知識的限制和適當的定位。人類對於現實世界的經驗是在時空中展現出來的，而時間和空間則是吾人感性的先天形式；因此，經驗知識之所以可能是必須受主體先驗的認知結構（除了時空之外，尚有悟性的先驗範疇）所制約的，休謨就因為不知道這一關鍵點，才會認為與時間空間直接相關的事件之間的因果關聯並不是必然的。職是，對康德而言，科學和數學之所以可能的必要條件，乃是主體的先驗認知結構，科學非但不能把主體的先驗認知結構當成研究的對象，而且對於「神、自由和永恒」這些道德領域的問題也無能為力。神與自由永恒的自我都是實在的，因為他們的實在性是可以透過道德實踐的事實來加以保證的，❸ 亦即是奠立在實踐理性之上的。

　　康德透過對人類理性的深刻批判與反省，將經驗與科學知識奠立在吾人的先驗認知結構上，並且認為吾人的感性經驗和科學所揭櫫的知識，事實上都只是有關事物表象的認知而已，它們根本無法「直搗黃龍」地掌握事物的深層意義（或稱為物自身 things-in-themselves）。如此一來，康德雖然延續了啓蒙對於理性的信心，但也指出人類認知理性的限制。

　　在十九世紀，浪漫主義（Romanticism）是針對啓蒙世界觀崩潰所引起種種問題的反省的另一思想主流。啓蒙思想家認為，因為只有人擁有理性，所以人是萬物之靈，人與事物雖然是二元分立的實體（entities）但人可以憑藉理性統馭萬事萬物；而浪漫主義者，如華滋華斯（Wordsworth）、濟慈（Keats）等人却認為人是大自然的一部分，人可以透過高貴的期望和熱情將自己與大自

---

❸ *ibid.*, pp. 98-99.

然融為一體；而且宇宙是一生生不息，充滿生機，創進不已的存有，透過數學的、**機械的**方式是無法說明宇宙的真象的。浪漫主義者認為，康德指出理性知識的限制，並且對現象界背後的真正實在界持尊重保留的態度是正確的；但是，康德認為吾人無法認知物自身的看法是無法讓人忍受的。因為透過人類的移情作用，人與事物根本是不分主客的同一體。亦即人稟七情，可以應物斯感，感物吟志，進而能夠達到情中有景，景中有情，物我合一的地步。❶

浪漫主義對康德劃分現象和本質看法的反對，深深地影響黑格爾。黑格爾認為，吾人對於事物的看法，都只是一種特殊的主張而已，因此必然會出現另一種補充的看法，而這些衝突的看法會在某種包容性更大的主張中獲得調和；不過，這個包含性大的主張，經過人們的反省批判又被證明只是某種特殊的主張而已。職是，在黑格爾看來，透過理性的不斷反省和批判的辯證過程，吾人可以不斷超越管窺之見，而向絕對知識邁進。❶

康德對人類理性的批判，旨在確立科學知識之所以可能的先天認知條件；而黑格爾所強調的反省和批判，則在於揭櫫人類可望透過理性的辯證轉折，邁向絕對知識。兩者雖都強調理性批判和反省的重要性，但都缺乏從社會歷史層面說明人類錯誤意識之所以形成的原因。

馬克思一生的思想，與康德、黑格爾最大的不同特徵，乃在於其企圖透過理論批判的武器，揭露資本主義社會資產階級所標榜的「錯誤意識」，進而激發無產階級的覺醒與反省，形成同仇

❶　*ibid.*, pp. 102–107.
❶　*ibid.*, pp. 107–110.

敵愾、利害與共的階級意識，對資產階級進行鬥爭和暴力革命，俾使剷除私有制和以私有制爲基礎的資本主義社會的結構和制度，使無產階級得以免除資產階級所標榜的爲其利益、地位辯護的虛僞意識的桎梏。

在馬克思看來，把外在世界與人當成是二元對立的存在，從而忽略掉人是活在外在世界之中，與外在世界發生生活實踐關係，這是啓蒙運動最大的缺失所在。就由於啓蒙把外在世界當成是旣予的事實進行分析和解釋，因此其基本上是對現狀採取肯定的態度，這種態度會忽略掉許多隱藏在現狀背後的價値問題。

如前所述，工業革命和法國大革命的發展和產生，是啓蒙的弔詭、辯證的轉折，如何面對啓蒙的轉折，事實上成爲十八世紀末十九世紀初許多思想家重視的問題。在馬克思看來，之所以有「啓蒙的弔詭、辯證轉折」這個問題存在，事實上乃是理性事實與現實事實之間差距的表現。這種差距不只表現在啓蒙與現實的歷史發展之間，而且也表現在黑格爾的理性國家觀與現實社會之間。馬克思認爲，黑格爾的辯證法對於啓蒙對旣予的現狀，事實採取肯定的態度是一種大突破；但是，黑格爾的理性國家觀，把普魯士當成是客觀理性的體現，這基本上又犯了與啓蒙的同樣錯誤；如此一來，要解決黑格爾理性國家觀與現實社會之間的差距，就必須從辯證批判的角度來重新面對現實的普魯士社會。

當馬克思在大學與「萊茵報」期間，由於黑格爾理性國家觀和啓蒙的影響認爲，如果普魯士是個理性的國家，那麼它應該體現天賦人權，使每一個人成爲自主、自由而且合理性的存在。但是，事實上普魯士國王却頒佈書報檢查令禁止言論、出版自由，而且普魯士社會各階層對此看法也是立場各異，看法不一。這種

現象代表着什麼意義呢？馬克思認爲，這表示人是現實的存在，國家也是現實的存在。在現實的社會中，人是爲了捍衞自己利益和地位而存在着，而國家則是統治者宰制人民的現實工具。至於人們和國家這種現實的存在，則是在「宰制——服從」這種社會關係結構中舖陳開來的。

在馬克思看來，「宰制——服從」的社會關係結構主要是呈現在社會的宗教和政治層面中。在宗教和政治層面中，這種「宰制——服從」的社會關係是如何產生呢？馬克思在〈論猶太人問題〉以及〈黑格爾法哲學批判導言〉中着手處理這個問題。馬克思認爲，宗教是相應於現實的苦難，經過人們心理的投射作用的產物，亦卽神或上帝是人們面對現實的苦難所產生的一種心造幻影。其結果便是人的處境愈困難，人會更依賴自己的心造幻影作用，從而使神和上帝愈爲完美，人愈來愈爲卑微，完全失去要求實現現實幸福的勇氣；⑯因此，人與神、上帝之間基本上是以人的精神的異化作爲中介的一種「宰制——服從」的關係。這種人與神、上帝之間的精神異化的關係，透過現實的宗教教會制度的運作，就形成一種宗教宰制人們的社會結構。而神、上帝成爲宗教宰制人們的秘思（myth），這一套秘思不只經由教會制度的運作，而且也藉着政治的運作，滲透到每一個人的思想和行爲中，成爲一種爲政治宰制辯護的意識型態。

照這樣理解，馬克思認爲，絕不能企圖從政治改革去擺脫宗教對人的束縛。因爲所謂宗教的解放，按照啓蒙的傳統，就是要使人能夠作爲擺脫幻想，具有理性的人來思想、來行動、來建立

---

⑯ 中共中央馬克思恩格斯列寧斯大林著作編譯局，《馬克思恩格斯全集》第四十二卷，北平：人民出版社，1965 年，頁 453。

自己的現實性，**⑰** 這樣一種人肯定住自己的要求，很容易導致要建立一個能夠體現「自由、平等、博愛」的政治國家的「理性事實」的要求；可是，人的現實存在是一種利己主義的存在，而人類社會則是建立在這種利己主義之上的市民社會，這就使「標榜」自由、平等和博愛的政治國家，成爲一個虛擬的「理性」存在。其結果便是，現實的市民社會唯利是圖，剝削壓榨的情形愈嚴重，「理性」的政治國家，就被虛擬地更爲完美，而具備了類似宗教「麻醉」人民的作用。此時，不但出現人作爲市民和公民雙重存在的分裂，而且在現實的政治運作中，統治者會把自己說成是這套虛擬存在的化身，從而使這套理性國家的說法，成爲統治者合法化的基礎，以及統治者宰制人們的意識型態。因此，當人們企圖從政治解放中，擺脫宗教束縛時，不但很容易會墜入另一套意識型態中，而且直接進一步鞏固統治者的統治。所以，在馬克思看來，要解決宗教宰制的問題，是絕不能透過政治解放的手段來進行，而必須逐行人類解放，從取消套在人們身上的宗教和政治的鎖鍊，進而不但解決宗教而且解決政治宰制的問題。

此外，在馬克思看來，不管是宗教宰制或是政治的宰制，說穿了不過就是爲了維護統治者或既得利益者的地位和利益而已；因此，社會宰制的最根本原因是經濟性的，而宗教和政治的宰制，基本上是以經濟的宰制作爲基礎，並與經濟的宰制直接聯繫在一起。至於經濟宰制的形式是在經濟結構中表現出來的，經濟結構不同，其宰制的形式也就不同。

基於這樣的認知，馬克思在《一八四四年經濟學哲學手稿》

---

⑰ 同**⑯**。

中，一方面就透過歷史回溯的方法，探討不同歷史階段中不同的經濟宰制的情形；而另一方面則着重探討在以私有制和僱傭關係爲依據的經濟結構中，資產者對無產者的經濟宰制現象。在《手稿》中，馬克思使用「異化勞動」這個概念來說明這種經濟宰制現象。他認爲，在私有制和僱傭關係中，無產者成爲出賣勞動力給資產者的勞動者，而經由勞動者出賣勞動力所生產出來的產品，被資產者所支配控制，其結果不但一方面爲資產者累積資本財富，造成貧富懸殊愈來愈大的現象；而在另一方面，更使資產者對無產者的支配力量愈來愈增強。亦卽，透過私有制和僱傭關係作爲中介，勞動者所從事的是一種異化的勞動，而資產者對勞動者的宰制也就表現在這種勞動者的異化勞動過程中。

馬克思認爲，以私有制和僱傭關係作爲中介，資產者不但可以支配，宰制無產者的體力勞動，而且可以控制其精神勞動，從而爲資產者建構有關宗教、國家、法律、道德、藝術和科學等東西；因此，宗教、國家、法律、道德、科學和藝術等都不過是經由生產的特殊方式（精神方式），並且受生產的普遍規律的支配下而產生的。⓲馬克思認爲，資產者就是這樣透過私有制和僱傭關係，使宗教、國家、法律、道德、藝術甚至科學等都成爲資產者的資本和財富，成爲支配、宰制無產者的意識型態和工具。

馬克思在《德意志意識型態》中認爲，人類歷史的前提是有生命個人的存在，爲什麼呢？因爲人爲了生存就必須生產滿足欲望和需要的生活資料，而在同時，人必須從事分工、交換，近而延伸出階級、社會和國家等所有歷史的內容。馬克思認爲，生產

⓲ 中共中央馬克思恩格斯列寧斯大林著作編譯局，《馬克思恩格斯全集》第四十二卷，北平：人民出版社，1979 年，頁 121。

的發展必然要分工，而分工使人們分裂爲不同的階級，不同的階級各有其特殊的階級利益，爲了捍衞自己的利益，階級之間會發生鬥爭，鬥爭的結果會使一個階級統治其他階級，並把自己的利益通過國家的干涉和法律的約束說成是社會大衆的利益。在資本主義社會中，資本家是統治階級，不但控制了物質生產資料，而且支配了精神生產資料（實驗設備、出版機構、學校、劇院等），使知識分子成爲依賴於資本家，並爲資本家政治、經濟地位和利益辯護的意識型態階層，而資本家就透過這個意識型態階層，以及其所掌握的政治機器，塑造出許多虛僞意識 (false conscious-ness)，而當社會生產關係與生產力之間的矛盾愈來愈大時，資產階級意識的虛僞性就愈來愈大，而與現實愈來愈脫節。此種情況發展的結果，會促成無產階級的覺醒，形成利益與共、同仇敵愾的階級意識，對資本家進行鬥爭和革命，消滅私有制度和資本家，使無產者從資本主義社會的意識型態束縛中解脫出來。❶

　　馬克思在《資本論》中從人是社會存在的角度，把人看成是現實社會規定的存在物，人變成只是經濟範疇的人格化，或社會關係的人格化，經濟範疇或社會關係體現爲人本身，亦即人是一定經濟關係和社會關係的承擔者。❷ 換言之，馬克思認爲，在某一個歷史階段中，社會會成爲獨立於個人之外的實體，這種實體可以對人發生猶如自然般的命運因果作用，因此，此時的社會就

---

❶ 吳根梁，〈共產主義是「消滅現存狀況的現實的運動——馬克思對德國「眞正的社會主義」的批判〉，《復旦學報》（社會科學版），1983年第二期，頁 59-61。

❷ 余守庚，〈馬克思對古典政治經濟學批判的前後變化說明了什麼〉，北平：《哲學研究》，1983 年第九期，頁 20-21。

猶如自然界一樣在運作着，歷史也以自然化的方式在發展着。因此，吾人首先是要弄清社會對人的命運因果關係，說明社會的運作法則，而後才進一步透過生產力和生產關係的矛盾，去發現隱藏在社會發展中的內在矛盾，對社會的批判，必須後序於對社會客觀事實的反映，並與從生產力與生產關係的矛盾去指出社會發展的內在矛盾結合在一起。

透過以上的論述可知，馬克思在《德意志意識型態》中，企圖從哲學人類學（philosophical anthropology）的途徑，爲其批判理論和共產主義理論尋求「歷史化」的基礎，並且從政治經濟學（political economy）的角度，揭露了資本主義社會虛僞意識的根源。而就站在《德意志意識型態》所揭櫫的歷史唯物論的基礎上，馬克思在晚期的經濟學著作——尤其是《資本論》中，研究了資本主義生產中生產力與生產關係之間的矛盾性質，以及辯證地互動運作法則，從而斷言資本主義社會不可避免的崩潰命運。此時，對於資本主義社會的「批判」就只成爲發現資本主義運作法則的「順水推舟」的工作了。

馬克思有關「意識型態」的看法，大致可以歸納爲以下幾個重點：(1)在大學以及「萊茵報」期間，馬克思深受啓蒙的影響，在肯定人應是自主、自由和理性存在的前提下，對當時普魯士政治現狀，甚至宗教信仰進行批判，期望一合理性的社會政治秩序的實現；此時，他認爲合理性的社會政治秩序之所以不能實現，乃由於個人私利以及階級利益作祟，形成不合理的社會關係結構所致；(2)在〈論猶太人問題〉與〈黑格爾法哲學批判導言〉馬克思透過對黑格爾理性國家觀與現實普魯士社會政治差距的考察，指出面對現實普魯士人們（尤其是萊茵省）受到宰制，失去

作爲自主、自由和理性存在的現象，除了必須透過宗教批判，貞定住人的主體性角色外；以及透過政治的批判，揭露使人尤其是無產階級受屈辱的不合社會政治結構，以喚醒人們尤其是無產階級的覺醒與反省，進而透過實際的革命行動，去改變不合理的社會政治結構。這也就是說，馬克思認爲人是活在現實社會中，人與社會並不是二元對立的存在，人不可能只把社會當成分析、解釋的客觀對象；因爲社會是人的生活場所；因此，人唯有不斷透過批判社會的不合理現象，進而去改變它，才能不斷形構自己的生活，確證自己的生命；(3) 離開普魯士到巴黎，大量閱讀古典經濟學著作，並寫作有關筆記和手稿期間，馬克思承繼萊茵報對現實問題考察的經驗以及恩格斯《政治經濟學批判大綱》的影響，正式將對社會政治現象的考察，納入政治經濟學的範疇和層次中來分析；而且透過對「人是如何活生生地存在？」這個問題的思考，提出一套人學體系，作爲批判勞動者在資本主義社會發生異化勞動的判準，而且，指出由於私有制和僱傭關係的存在，資產者與無產者是一種宰制與屈服的關係，而由於這一種關係的存在，乃有勞動者異化勞動的發生；(4) 在寫作《德意志意識型態》期間，馬克思爲宗教批判、政治批判和政治經濟學批判，尋求「哲學人類學」的合理化基礎，而且從政治經濟學的角度，揭露資本主義社會虛僞意識的產生，乃因資產階級要維護其政治和經濟利益所致。這一套虛僞的意識不但捍衛了資產階級的地位和利益，而且爲資產階級的所作所爲進行合法化的詮釋，從而使無產階級會有命運決定論的迷惘，不自覺自己所受的壓抑宰制的不合理處；馬克思認爲，資本主義社會虛僞意識所維繫的「命運決定論」的意義網之所以發生束縛無產階級的作用，乃因無產階級

沒有意識到自己處境的不合理處，只要意識到這一點，並設法去
改變現狀，「命運決定論」的意義網就會隨之破滅；而無產階級
從意識、反省自己處境的不合理到從事暴力革命之間，必須有賴
針對虛偽意識加以批判的批判理論作為搭橋的角色；(5)馬克思
在一八五〇年代末期，到了英國以後，由於受到古典經濟學和實
證主義的影響；對於資本主義社會虛偽意識的揭露，成為分析資
本主義社會運作法則以及生產力社會化和生產關係個別化之間矛
盾的所屬工作。此時，資本主義社會，對馬克思而言，首先是作
為「科學」分析的對象，然後才成為批判的對象，亦即對於社會
的批判必須後序於對社會的分析和解釋。

　　馬克思從政治經濟學的角度，將意識型態視為統治階級（在
資本主義社會則是資產階級）為其利益和地位作辯護的一套虛偽
意識 (false consciousness)；這種看法，基本上是將意識型態視
為物質的經濟結構的反映，從而忽略掉「意識型態的內容和形式
是由許多複雜的歷史因素促成的」這個重要的關鍵點；而且，如
果按照這種「簡單化」的看法，意識型態既然是在人類為了求生
存，必須分工交往，從而導致階級分化的歷史過程中形成的，那
麼，談論某種意識型態的「虛偽性」(falsity) 並不具有意義。❷
不過，馬克思雖然一方面透過歷史主義的角度，將意識型態的形
成必然化；但另一方面，他又站在所謂被統治者或無產階級普遍
利益的立場認為，必須批判地理解意識型態，而不能把它當成既
予的事實來加以無批判地分析和解釋。因此，馬克思認為必須深

---

❷ Richard J. Bernstein, *The Restructuring of Social and Political
Theory*. New York & London: Harcourt Brace Jovanovich,
Inc., p. 108.

入地瞭解意識型態是如何反映社會生活的歷史物質情況，並且掌握使意識型態被持續接受的因素，從揭露意識型態的虛僞性，以及克服意識型態辯護者的抗拒，解消意識型態「合法化」統治階級利益和地位的力量。

就如前述，哈伯馬斯是將意識型態視爲「系統扭曲的溝通」，這是將意識型態視爲「一套有關社會系統的歪曲觀念」看法的另一種說法。哈伯馬斯認爲「系統扭曲的溝通」的存在與社會宰制和社會壓抑是一體的兩面；因此，哈氏這種看法基本上是沿襲馬克思社會衝突的角度，凸顯出社會對人宰制和壓抑的一面。

哈伯馬斯認爲，意識型態作爲一種「社會宰制」或「社會壓抑」的意義網，除了具有「合法化」政治力量的作用外，對個人的思想和行爲也具有束縛和規範作用。而這些作用的顯現，是必須透過語言，以語言作爲中介的。語言具有互爲主體的結構，透過它的媒介，吾人不但可以相互有意義地瞭解對方的感受、動機、欲望和想法，而且可以具體地形成對外在世界的認知。換言之，無法透過語言表達的個人欲望、感受、動機和需求，只是存在於個人內心世界的「實在」（reality）而已，它們是無法在人們社會的溝通生活中被理解和掌握的。就因爲語言具有溝通和限制的雙重作用，而且是因着人的社會存在而發展的，因此，語言也會淪爲人們藉以「偏頗」地表達個人或集團意見，從而壓制別人或另一個集團意見，並將之排除於語言表達和公共溝通之外的工具。此時人與人之間所存在的就是一種系統扭曲的溝通。這種系統扭曲的溝通對個人的需求、欲望和動機會造成壓抑，甚至形成精神病；而表現在整個社會層面而言，便是意識型態的宰制現象。總言之，語言不只是個人意識想法的表達，感情的流露；也

可以是社會規範的「意義」內容，以及社會宰制的工具。❷

在哈伯馬斯看來，意識型態透過語言作為中介，在人們的社會生活中形成一種先驗的框架，而與人們的日常生活和工作結成千絲萬縷的關係，從而具有「非自覺」（相對於一般羣衆而言）的特點，廣泛地掌握和控制羣衆。因此，掌握意識型態詮釋、建構甚至傳播權力的統治者，會「很自然」地認為自己就是眞理的化身，是別人的當然代言人，其結果便是整個社會只聽到統治者的聲音，被治的羣衆只成為不自覺的附和者。

自從達爾文（Charles Darwin, 1809-1882）生物學理論提出以後，近代心理學就強調人與生物界的連續性。其中尤以弗洛依德（S. Freud, 1856-1939）的無意識或生物本能理論和行為主義（Behaviorism）以對動物的實驗結果來分析人的心理和行為更是如此。按照弗洛依德心理分析理論的看法，人格是由「本能我」（id）、「自我」（ego）和「超我」（superego）三個主要體系所構成。「本能我」指的是究極而眞實的生命本能需求和慾望，弗洛依德將之歸納為性和自保兩大類，在「本能我」之中，根本沒有對客觀實在的意識的存在，因此，其所遵循的原則是不顧實際的「快樂原則」（the pleasure principle），其結果便是常與環境條件發生嚴重衝突；此時，不是受「現實原則」（reality principle）支配的「自我」會在意識到實際環境的條件下，調節「本能我」與環境的衝突，就是體現社會價值「內化」的「超我」會對無意識本能的盲動起壓抑作用。弗洛依德認為，人一生下來，就在具有生命本能需求和慾望的情況下，被投入於由意識型態、道德規

---

❷　張世雄，〈意識型態的批判──由啓蒙運動到哈伯馬斯〉，臺中：東海大學社會學研究所碩士論文，民國72年，頁 87-88。

範以及社會政治結構所交織而成的關係網絡中。首先，這些關係
網絡是透過語言的學習以及家庭（尤其是父母）影響人的人格的
形構，禁止「本能我」的衝動，或者疏導「自我」以「接受社會
支配」原則取代（以單純的外在世界為取向的）「現實原則」；
再而，隨着人生命活動經驗範圍的拓大，上述的這些關係網絡則
透過政治社會化過程，並以社會語言作為中介，直接籠罩着人的
生命活動。此時，受這種網絡所籠罩的本能衝動力量 (libido)，
由於受到壓抑， 一方面會變成一種潛意識 (subconscionsness)，
被排除於語言表達和公共溝通之外，但另一方面，却進而會以不
同的化裝型態，或神經病（其最重要的特徵就是無法被了解的語
言符號的表達以及特異的行為）的形式出現。

哈伯馬斯認為弗洛依德的心理學理論，正可以說明意識型態
對個人生命和人格的扭曲關係。因為在意識型態（或系統扭曲的
溝通）的籠罩下，羣衆的很多需求因為無法見容於意識型態所舖
陳的價值體系，從而受到壓抑，並被排除於公共溝通之外；此
時， 不但會形成語言私有化 (privatized language) 或意義私有
化的情形，而且同時會使生活的需求動機轉變為無意識動機。因
此，在哈伯馬斯看來，意識型態對個人生命和人格的扭曲關係，
是在「除去符號化」(desymbolization) 的過程中形成的。㉓

弗洛依德按照上述的心理學理論，形成一套詮釋、分析個人
心理發展的架構，並且將之應用於對病人從事心理治療 (psycho-
therapy) 的工作中。哈伯馬斯認為導源於弗洛依德心理分析所形
成的心理治療，正可以藉以類比地說明如何解除系統扭曲的溝通

㉓ Thomas McCarthy, *The Critical Theory of Jürgen Habermas.*
臺北: 唐山出版社，1985 年，頁 200。

的問題。

心理治療並不能像外科手術那樣，在切除病人的疾病部分後使病人復原；因爲，治療者必須積極地、同情地、坦誠地甚至長時間地參與並進入病人的主觀世界和內在世界中，才能提供一切幫助強化病人適應的能力，使其能夠過着自行負責的獨立自主的生活。Hans H. Strupp 在〈心理治療與人道主義〉(*Humanism and Psychotherapy*) 一文中，曾對心理治療這種人道的本質 (humanistic essence) 有過詳盡的說明，他認爲：❷

(1) 心理治療是某種形式的教育，它並不是一種醫療。它的目標是增加病人自我抉擇，自行負責的能力，因爲精神病最重要的原因是因爲不但病人的自由受到嚴重限制，而且被要求參與有利於別人的活動中，從而人云亦云，隨波逐流；

(2) 在心理治療的過程中，治療者與病人之間的關係是一種自主的毫無強制的人際關係；在這種關係中，治療者才可能讓病人逐漸意識到其個別性 (individuality) 是必須受到充分尊重的，治療者只是幫助他重新發現自我，並不是要將治療者的價值判斷強加在病人身上；

(3) 心理治療者是將病人與其的溝通、表達和病人精神疾病翻譯成普通可理解的語言文字的專家。亦即，治療者能夠掌握從而將病人無法被一般人理解的溝通和表達重新概念化，並且透過與病人之間分析性的交往，鼓勵病人明確、清楚地以普通日常的

❷ Hans H. Strupp, "Humanism and Psychotherapy: A Personal Statement of the Therapist's Essential Values." in *Psychotherapy: Theory, Research and Practice*, Vol. 17, Winter, 1980. pp. 397-400.

語言將被自己隱藏起來的信息、想法，很概念化地告訴治療者。

透過以上 Hans H. Strupp 的說明可知，心理治療的基本宗旨是人格自由以及合理人際關係的重建。而在治療過程中，治療者成爲病人可靠的、誠信的知己，解消病人對治療者介入的抗拒，從而與病人形成無剝削、無宰制的人際關係。這樣的關係可以讓病人意識到良好的人際關係是可欲的，人是可以在獨立生活和與別人親切交往之間取得平衡點的。而就以這種人際關係作基礎，病人意識到他已和一個值得信賴的人交往，他的內心世界或無意識動機，也能被瞭解，從而能夠和治療者發生同化、共鳴的經驗，這樣病人會逐漸將自己無意識的動機，重新烘顯爲個人意識中或溝通中可被治療者理解的語言符號，以達成對自我的了解，並且產生自主、負責的理性行爲。總言之，在整個心理治療的過程中，治療之所以能夠成功，除了治療者對病人潛意識動機的分析、詮釋之外，最重要的乃是病人的自我反省（self-reflection）作用。因此，個人在社會生活中，語言的表達溝通，自我了解或自我反省與自主負責的行爲，是三位一體的關係。

在哈伯馬斯看來，心理治療的過程，就是使病人由「除去符號化」到「恢復符號化」（resymbolization）的過程。[25] 在這過程中，病人私有化的語言，重新又被概念化、符號化爲能被自己所意識以及被別人所理解的普遍語言。而其中關鍵，是治療者能夠將病人潛意識動機翻譯或詮釋成病人可以理解的普通語言，並且告知病人何以被壓抑而成的潛意識部份會被排除於語言表達和公共溝通之外的原因，從而促成病人自我反省、自我了解，並重組

---

[25] Thomas McCarthy, *The Critical Theory of Jürgen Habermas*, pp. 200-201.

自己的人格體系，調整自己社會生活的方式。因此，心理治療的過程，是一種治療者配合因果解釋對病人症狀進行詮釋、分析以促成病人批判地自我反省、自我了解和自我重建的過程。

就如上述，對哈伯馬斯而言，弗洛依德心理分析不只可以說明意識型態與個人心理行為的關係，而由其所延伸出來的心理治療更可以作為對意識型態批判與解消的典範。從對心理治療的反省，哈伯馬斯認為，自主合理的溝通情境，對於個人的自我了解和自我形構，以至於遂行獨立負責的行為是最為重要的。在心理過程中，治療者與病人所形成的自主、和諧，毫無宰制的人際關係，不只具有治療的實用目的，而更可以告訴吾人一個道理：對於意識型態的批判和解消，並不是要以另一套被視為不容置疑的新的意識型態來取代既有被視為虛偽的意識型態；而是要從肯定人可以進行自我反省、並能夠與別人形成自主、和諧而且毫無宰制的溝通情境下，對既有的意識型態進行批判，將其解消於合理而不扭曲的溝通情境中。如果想以新的一套取代既有的一套意識型態，來作為解決意識型態問題的看法，事實上是一種相對主義和虛無主義(relativism & nihilism)。❷ 因為不管是新的、舊的意識型態對於其信仰者而言，都只是信仰的對象，而不是反省、批評的對象；在這種意識型態批判、鬥爭的過程中，曾經一時被標榜為放諸四海而皆準的意識型態，時過境遷地可能成為萬惡的根源。因此，企圖以所謂新的意識型態的「真理」取代舊的意識型態的「謊言」的作法，充其量只是讓意識型態所造成的「系統扭曲的溝通」的悲劇，循環反覆而已。

---

❷ Richard J. Bernstein, *The Restructuring of Social and Political Theory.* pp. 107-108.

基於以上的反省，哈伯馬斯認爲，馬克思對意識型態的批判，雖然已經擺脫了社會實證論將社會只是當成吾人分析、解釋對象的看法，並且將社會視爲人有機生命延續與開展的場所，從而鼓吹對既存的社會必須抱着批判的態度，不斷揭露其中的不合理現象，激起羣衆的反省，甚至遂行實際的行動去改變不合理的現象，以使人能眞正成爲合理的社會存在；但是，因爲馬克思認爲意識型態的存在與統治階級爲其利益，地位進行辯護是直接連繫在一起的；因此，馬克思以爲，必須從打倒統治階級以及因其所形成的不合理階級、權力制度和關係，才能解消既有的意識型態對羣衆的宰制，而且，馬克思認爲，在打倒既有的一套制度和關係之後，應該以一套更能適應生產力發展的制度和關係來加以取代，從而保證屬於社會上層建築的新的意識型態，能夠爲號稱代表普遍利益的新統治階級的合法化而服務，這基本上犯了上述相對主義和虛無主義的錯誤。

在哈伯馬斯看來，對於意識型態的批判，除了必須面對羣衆，並以行動爲取向外，更重要的是必須預設，甚至建構一個「理想溝通情境」，這樣才能解消意識型態批判、鬥爭所引起的「系統扭曲的溝通」的循環悲劇。馬克思的意識型態批判，雖然不啻爲一種社會批判的模型，但由於馬克思沒有從人類社會生活的溝通互動層面，來說明意識型態所造成的「系統扭曲的溝通」，從而使其無法澄清意識型態是如何透過公共溝通來宰制個人的思想和行爲的。

馬克思在《關於費爾巴哈的提綱》中，曾經批評包括費爾巴哈在內的唯物論，基本上是站在將人與外在世界視爲二元對立存在的立場，從而使得外在世界只成爲人感性直觀的對象 —— 亦

即，使人與外在世界之間的關係只是認識的關係。❷ 馬克思認為，人是活在外在世界中，外在世界是人有生命的一部份，人對外在世界的關係，不只是認識的關係，而是一種整體生命實踐的關係——亦即人能夠透過主體的能動性，作用在外在世界上，在改造、利用外在世界的同時，從而也形構了自我。以此觀點推下去，人對社會的關係，也不只是認識的關係，因爲社會是人的生命場，人必須以社會作爲其安身立命之處。簡言之，人必須是活在社會中，成爲社會存在，而人才成其爲人；因此，爲了人的社會存在持續下去，人必須對社會的不合理現狀進行批判，從而激起羣衆的共鳴、反省，遂行實踐的革命行動，去打掉不合理的社會現象，如此一來，社會才能繼續成爲人安身立命之處。一句話，人對社會的關係是一種批判實踐的關係，絕不能把社會現象只當成旣予的事實加以接受，並進行分析、解釋而已。

　　馬克思在《關於費爾巴哈的提綱》中的這一套看法，儘管是針對所謂包括費爾巴哈在內的舊唯物論進行批評；但是，我們大致可以說，在馬克思之前的近代西方的唯物論與啓蒙運動一樣，幾乎都是受到實證科學發展的影響，而只是把外在世界當成是吾人感性直觀的對象；因此，馬克思這一套對所謂舊唯物論的看法；事實上也可以說是對啓蒙運動的一種批評；而如果要在推論下去的話，馬克思上述這套看法也可以說是對受啓蒙運動影響，與馬克思幾乎同時代的社會實證論，如孔德（Auguste Comte, 1798–1857）的社會學的批評。不過，馬克思晚期的思想，很明顯具有社會實證論的傾向，一般皆知，馬克思在其有名的《一八

---

❷　中共中央馬克思恩格斯列寧斯大林著作編譯局，《馬克思恩格斯全集》第三卷，北平：人民出版社，1965年10月，頁3。

四四年經濟學哲學手稿》中，曾經抨擊努力「價值中立」的古典
經濟學家，如李嘉圖（David Ricardo, 1772-1823）等人犯了缺
乏人道主義關懷，爲商品交換、私有制辯護的錯誤；可是，馬克
思在《資本論》中曾對自己在《手稿》中有關古典經濟學家的看
法進行批判，他說：

「有人責難他（指李嘉圖——筆者註），說他在考察資本主
義生產時不注意『人』，只看到生產力的發展，而不管這種發展
犧牲了多少人和資本價值。這正好是他的（指李嘉圖）學說中出
色的地方。」❷ 而在「剩餘價值理論」中，馬克思更認爲，李嘉
圖把無產者看成同機器、牲畜或商品一樣，這是反映資本主義社
會的「事實」，非但沒有卑鄙之處，而且表現李嘉圖科學上的誠
實。❷

就因爲晚期的馬克思有墜入社會實證論的傾向，從而就使其
有關意識型態的批判，出現了致命的尷尬之處；這可由馬克思在
《資本論》第一卷序言所認爲的，資本主義按照鐵的規律在運作
發展，人爲的努力絕不能改變其發展的趨向，而只能減少資本主
義社會變遷的痛苦而已。此外，馬克思在〈政治經濟學批判序
言〉中，也強調在資本主義生產力尚未充分發展出來之前，資本
主義是不可能崩潰而被其他社會所取代的。

從事意識型態的批判，固然可與社會實證論的方法作必要的
結合，但絕不可能只停留在把「社會事實」當作既予的來接受的

---

❷ 馬克思，《資本論》第三卷，轉引自金守庚，前揭文章，頁19。北
平：人民出版社，1975年，頁288-289。

❷ 中共中央馬克思恩格斯列寧斯大林著作編譯局，《馬克思恩格斯全
集》第二十六卷Ⅱ，北平：人民出版社，1979年7月，頁124-126。

程度上；進一步說，強調意識型態的批判，基本上也必須針對社會實證論加以反省和責難。哈伯馬斯固然認為馬克思的有關意識型態的批判，不啻為一個模型，但是哈伯馬斯——正如前述——是絕不敢苟同馬克思晚期的實證論傾向的。

　　法蘭克福學派對實證主義 (positivism) 的批判，是其批判理論的一個重要組成部份。哈伯馬斯發展而且重建了霍克海默 (Max Horkheimer) 和馬庫色 (Herbert Marcuse) 有關實證主義批判的主要看法。在哈伯馬斯看來，社會理論必須是批判理論；因此，社會批判理論非但不同於詮釋學 (hermeneutic) 的傳統，而且更不同於實證主義的社會科學觀；如此一來，要使社會批判理論能夠明確地確立下來，就必須對實證主義進行嚴厲的批判。

　　實證主義的代表人物甚多，如孔德、聖西蒙 (Saint-Simon, 1760-1825)、馬赫 (Ernst Mach) 及維也納學派 (Vienna circle) 等，但其主要論點是，認為可以運用自然科學的方法來研究社會現象；因此，社會研究的目的旨在發現普遍的法則，以使吾人可以預測、控制社會的進程，而有關社會研究的真假，是完全建立在與經由觀察所得到經驗資料的邏輯關係上。如此一來，科學的社會理論不但是完全要符合客觀性 (objectivity) 的要求，而且是道德、政治中立的 (politically & morally neutral)——亦即有關社會的知識，必須是價值中立的 (valuefree)。

　　哈伯馬斯認為，按照實證主義所建構的社會知識，基本上是一種「客體宰制」(object-domain) 的知識，忽略了身為主體的人在其現實存在中的生活興趣 (interests) 的作用。哈伯馬斯認為，知識的成立是以人的存在為前提的，因此，知識與「人是如何存在？」這個哲學人類學(philosophical anthropology)的問題直接

連繫起來的。而人只要存在，他就必須過社會生活，而人的社會生活包括兩個不可化約的層次：勞動(labor)和互動(interaction)或溝通(communication)，以及另一個派生而來的宰制(domination)層次。而人從事的勞動、互動或溝通，都是兼負着某種興趣而形成的。因為人從事勞動，主要為的是對外在世界進行工具性、技術性的控制和利用，以便成就其作為自然的存在；這也就是說，人是在「技術興趣」(technical interest)的主導下來從事勞動的，而其結果便會形成「經驗──分析」(empirical-analytic)的學問；至於人從事互動或溝通，一方面主要為的是對別人或任何思想、理論進行詮釋性的理解，以成就其社會生活，並且透過這種社會生活來形構自己；這也就是說，人是在「實踐興趣」(practical interest)的主導下來從事互動和溝通，而其結果便會形成「歷史──詮釋」(historical-hermeneutic)的學問；至於在另一方面，人從事互動或溝通，主要為的是免於社會扭曲的溝通的宰制，以成就其作為自主負責的社會存在；此時，人就是在「解放的興趣」(emancipatory interest)的主導下來從事互動和溝通，而其結果便會形成批判的理論(critical theory)或「自我反省式」(self-reflective)的學問。㉚

　　透過以上的論述可知，哈伯馬斯認為，任何一種人世間的學問都不可能是「主體獨立」(subject-independent)的學問，因為他們都兼負着人類生活興趣的關照。有關哈伯馬斯的知識論，筆者會專章處理，此不再贅述；而此處所要強調的是，哈伯馬斯的「知識形構興趣」理論(the theory of knowledge-constitutive

---

㉚ 關於哈伯馬斯的認知興趣理論，筆者在第二章「哈伯馬斯的知識理論」中，有詳細說明。

interests）是其有關實證主義批判的相當重要的部份。

在哈伯馬斯看來，不管是「經驗──分析」的學問或是「歷史──詮釋」的學問，基本上都是以非批判的態度（non-critical attitude）去面對社會；因此，它們對於意識型態的批判却是無能爲力的，而只有不把社會現象當作是旣予事實，而加以分析、詮釋的批判理論，才能揭露意識型態或系統扭曲的溝通對吾人思想和行爲的宰制關係。

此外，哈伯馬斯認爲，在高度發達的資本主義社會中由於其所面臨的社會經濟和文化系統的問題日益複雜，導致國家對經濟運作和文化系統運作的干預作用日益增強。而國家對於龐大複雜的社會經濟和文化問題，必然會仰賴技術專家來處理，因此乃形成「技術官僚政體」（technocracy），而其結果便形成科技主宰一切的局面。因爲技術官僚政體的合法性（legitimation）是建立在運用科學技術來處理問題並取得民衆信賴的基礎上的。就由於「技術官僚政體」的特性是如此；因此，它就必須依賴「技術意識」（technocratic consciousness）爲其統治作辯護。亦卽，「技術官僚政體」會要求羣衆相信科技解決一切問題的能耐，以便持續其統治，如此一來，科技便成爲高度發達的資本主義社會中的意識型態了。因爲「技術官僚政體」透過「技術意識」的標榜，冲蝕了人們解放的興趣，從而使人們忽略了討論和批判的作用，這就使人們的公共層面（public sphere）變成「非政治化」（depoliticized）了，❸ 亦卽，人們在「技術意識」的籠罩下，安

---

❸ 徐崇溫著，《法蘭克福學派》北平：生活・讀書・新知三聯書店，1980 年 7 月第 1 版，頁 104-112；Jürgen Habermas, *Legitimation Crisis*. tr. by Thomas McCarthy, 臺北：唐山出版社，1985 年，pp. 75-76, p. 84

於「技術官僚政體」的統治。而且，哈伯馬斯認為，「技術意識」的核心是工具理性 (instrumental reason)，而技術宰制的結果便是工具性勞動取代了人們整體的生活實踐。因為在「技術意識」的籠罩下，人們追求的是解決問題技術的經濟有效性，而生活實踐中無法被化約成技術問題的道德價值問題，便被排除於公共溝通範圍之外，而形成系統扭曲的溝通的局面。因此，哈伯馬斯認為，由於科技發展與應用的成功所形成的「技術意識」，毋寧是啓蒙運動的一種弔詭的悲劇發展。❸❷

總而言之，哈伯馬斯認為，高度發達的資本主義社會的意識型態已經不再是傳統意義下的一套政治性的信仰系統或扭曲的理念；因此，吾人對於它的批判，不能只從狹隘的完全否定科技的立場出發，而必須從肯定科技貢獻的前提下，使人類成為共同駕馭科技的主體，使工具理性從屬於吾人的解放理性之下，這樣科技才會眞正成為人類解放的不可或缺的力量。

透過本章的論述可知，哈伯馬斯認為：

（1）不能只把「意識型態」當作只是一套虛僞意識，而必須要透過溝通、互動的層面，將意識型態與系統扭曲的溝通直接連繫起來；因為，在意識型態的籠罩下，許多不見容於意識型態的價值、需求，就會被排除於公共溝通之外，而形成只聽得見治者聲音，不聞被治者心聲的現象。馬克思只從政治經濟學的角度，將意識型態視為替統治者地位、利益辯護的一套虛僞意識，這是不夠周延的做法；

（2）此外，馬克思沒有從心理學的角度說明意識型態透過系

---

❸❷ 黃瑞棋，〈法蘭克福學派簡述〉，收編於《中國大陸研究教學參考資料》第七期，臺北：中央文工會，民國72年2月，頁 70-71。

統扭曲的溝通，影響羣衆的思想和行爲；而馬克思企圖從打掉不合理的權力關係、階級結構來取消所謂虛僞意識，這是一種相對主義、虛無主義的做法，因爲其根本解決不了「系統扭曲的溝通」之歷史悲劇；

（3）馬克思早期透過浪漫主義的角度，把外在世界當作是吾人批判、改造，以便形構自我的對象；因此，乃有宗教批判、政治批判和經濟批判的產生；但是，馬克思晚期陷入社會實證論的科學主義的窠臼中，將社會批判後序於所謂發現社會運作法則之後，從而使其意識型態批判顯得蒼白無力；

（4）心理治療過程可以被用來說明，人類透過對意識型態的反省批判，是可以從意識型態的籠罩中掙脫出來的；不過，最值得注意的是，有關意識型態的解消是必須在「理想的言談情境」的建構中來實現的。當然，在現實社會中要建構類似心理治療過程中治療者與病人之間的「理想的言談情境」是不容易的，但對這種理想情境的鼓吹，從而激起人們的反省，對於解消意識型態是絕對必要的；（有關於哈伯馬斯的溝通理論，下一章有詳細敍述，此不再贅述。）

（5）馬克思有關意識型態的批判，是以十九世紀資本主義社會爲背景的；而今西方社會已發展成爲高度發達的資本主義社會，技術意識取代一般傳統的意識型態成爲新型的意識型態；面對這種意識型態，人們是絕不能沿用傳統的意識型態批判的完全否定法，而必須在肯定科技的貢獻的前提下，讓人成爲駕馭科技的主體，俾免使科技成爲人宰制人的工具；

（6）對人類社會進行實證主義的研究，其結果只會是對社會諸般現象持接受而非批判的態度，這種知識或理論對於意識型態

批判是無能爲力的。因爲沿着實證主義原則所形成的有關社會的理論是「經驗──分析」的理論，其與社會批判理論是不同的。而人類若想不斷從各種宰制擺脫出來，當然須要以「經驗──分析」理論或「歷史──詮釋」理論作基礎，但最重要的却是要在這些基礎上，使有關社會的理論，是一種社會批判理論。

第五章　哈伯馬斯的溝通理論

　　哈伯馬斯的溝通理論是與其對意識型態的反省和批判連繫在一起的。就如前述，在哈伯馬斯看來，啓蒙運動以及社會實證論者企圖以對社會從事客觀實證的研究，獲得有關社會的普遍客觀有效的知識，從而甩掉傳統以及意識型態的束縛，與他們一刀兩斷的作法，是值得商榷的。因爲對社會從事科學實證的研究，會導致科學主義 (scientism)、自然主義 (naturalism)——把人及社會自然化和物化 (reified)、客觀主義 (objectivism)——亦即形成客體宰制 (object-dominate) 和主體中立 (subject-free) 的現象。此外，由於科技發達所造成的技術意識本身也很容易變成爲一種意識型態，並且使高度發達的資本主義社會陷入合法性的危機之中。不過，值得注意的是，哈伯馬斯雖然不贊成社會實證的作法，但他與啓蒙和社會實證論者對意識型態持批判的態度則是一致的。而且，哈伯馬斯企圖透過人類「理性的重建」以及「理想的言談情境」的確立來解消意識型態的問題，這與啓蒙和社會實證論者企圖以所謂科學的認知來解消意識型態束縛的作法，可以說是很類似的。

　　此外，馬克思的意識型態批判，基本上是站在所謂無產階級的普遍利益的立場來從事的，因此，這種批判毋寧是一種相對主

義的批判，而且，馬克思企圖以取消私有制、消滅資產階級，打倒資本主義社會的上層建築來解決意識型態的問題，這只會使意識型態所造成的扭曲溝通的悲劇繼續下去；因為，資本主義社會的結構被剷平以後，並不保證自由、自主和理性溝通的確立。堅持所謂無產階級利益的絕對主義，很容易導致另一種扭曲的溝通。再而，馬克思只從政治經濟學的角度，把意識型態說成是一套虛偽意識，而並沒有進一步說明「虛偽意識」是如何造成系統的扭曲溝通的。

至於伽達默的詮釋學途徑，將意識型態納入傳統，從而從人是歷史的存在，說明人不可能獨立於歷史和傳統之外，對意識型態進行置身事外的詮釋，這種看法對克服社會實證論的客觀主義的偏差是有很大的作用的；不過，如果按照伽達默這種看法，其對意識型態所抱持的接納的態度，這與社會實證論將社會事件當成是既予的事實而予以接納的態度並沒有什麼太大的差別。❶

哈伯馬斯認為，對意識型態抱持批判反省的態度，是絕對必要的；尤其是今日西方高度發達的資本主義社會，在技術意識的籠罩下，其所造成的公共批評和討論的萎縮現象，更是需要以批判反省的態度來面對它，以便使自我反省之後，重新成為駕馭科技的共同主人。不過，哈伯馬斯認為，光是說意識型態造成系統的扭曲溝通是不夠的，因為這可能陷入任意和武斷的漩渦之中，因此，必須舖陳一套判準，來對照出意識型態所造成的扭曲溝通

---

❶ David Held, *Introduction to Critical Theory: Horkheimer to Habermas.* 臺北：唐山出版社，1984, pp. 315-316; Thomas McCarthy, *The Critical Theory of Jürgen Habermas.* 臺北：唐山出版社，1985, pp. 192-193.

的現象。而哈伯馬斯基於對心理分析的反省，他深深的體會到，解決意識型態的問題，必須從肯定人可以進行自我反省，並能與別人形成和諧、無宰制的溝通情境下，激發人的比較和批判理性，對既有的意識型態進行批判，將其解消於合理而不扭曲的溝通情境中。

伽達默受海德格的影響，將了解視爲人之所以成其爲人的根本，從本體論的角度，將了解與人的生存和社會生活直接等同起來。在哈伯馬斯看來，了解的確是人生命存在很重要的環節，但了解是透過溝通行動來進行來實現的；因此，與其重視了解，倒不如重視溝通行動來得確切點。哈伯馬斯較重視人的社會存在性，而伽達默則重視人的歷史存在性，這也就是哈氏重溝通行動，而伽氏重了解的重要原因。

在哈伯馬斯看來，承繼啓蒙的傳統，人應該是作爲自主、負責的理性存在來存在，基於這樣的認知，哈伯馬斯提出「理想的言談情境」來對應人的這種應然的存在，不過，在哈伯馬斯看來，這種「理想的言談情境」不只是作爲應然的典範而存在，它可能透過人的潛在溝通能力，在人的社會生活中，獲得實現。亦卽「理想的言談情境」並不是烏托邦，它是可以具有經驗性的。

溝通行動之所以可能，是透過語言作爲中介的；因此，在提出「理想的言談情境」的同時，哈伯馬斯認爲必須對語言的語用層次進行分析與重建。而在〈何謂普遍語用學〉（what is universal pragmatics）一文中，哈伯馬斯就在處理這個問題。值得注意的是，哈伯馬斯對這個問題的處理，受喬姆斯基的「轉換生成語法」理論（theory of generative grammar）的啓發很大。喬姆斯基的轉換生成語法的研究對象是人們的語言能力，在他看來，

人們創造和生成新的語言的能力是天賦的能力，只要加上經驗學習的作用，就可以使這種能力必然實現出來，這可由小孩學習語言的情況來獲得說明。小孩子在學習語言的過程中，不只會把學習中聽過的，再講出來，而且會依照語言的語法創造出許多新的句子；此外，把小孩子放在不同的語言環境中，他總可以很快地學會各種不同的語言；這不但說明人們的語言能力是天賦的，而各種特殊的語言也具有其普遍性，因此應該有一種普遍語法，可以適用於一切語言。❷

在喬姆斯基看來，普遍語法之所以可能，乃因各種語言除了有其特殊的語言結構的原則外，更有其共通的數理邏輯的規律，否則語言的普遍性就變成不可能。透過以上的論述可知，喬姆斯基的語言理論主在解決人類語言能力以及語言的普遍性兩個問題，而他在處理這兩個問題時，傾向於傳統理性主義者如笛卡兒和萊布尼茲等把觀念看成是天賦的看法，從而把語言能力也看成是天賦的，經驗和學習作用只是使其實現的助因而已。❸

哈伯馬斯認為，喬姆斯基的語言理論囿於理性主義的窠臼；因此，忽略了人類語言能力的歷史性和社會性，如此一來，喬姆斯基的語言能力概念，根本無法解決人何以能夠進行溝通行動的問題。因為人類在進行溝通行動時，不只應具有語言能力，而且更應具有建立互為主體性溝通關係的能力。❹ 在語言使用的溝通

---

❷ 尹大貽，〈評喬姆斯基的轉換生成語法的結構主義方法論〉，收編於現代外國哲學研究會編，《現代外國哲學論文集》，北平：商務印書館，1982 年，頁 226, 240-241.

❸ 同❷，頁 231-234.

❹ Jürgen Habermas, *Communication and the Evolution of Society*. tr. by Thomas McCarthy. 臺北：雙葉書廊，1985, pp. 26-28.

行動中，說話者不只須要說出合乎語言規則的句子，他還必須能夠把這些句子符合由於社會條件和歷史條件所形成的約定俗成的因素；亦卽，說話者必須使這些句子能夠與外在實體（外在世界）、內在實體（心理世界）和規範實體（社會世界）直接聯繫起來。❺ 這樣才有可能與別人獲得互爲主體的了解和溝通。亦卽，一個成功的說話者必須使其發言的命題內容能夠符合事實，而且必須使聽者相信說話者的誠意；此外，說話者必須使聽者知道其發言的命題內容是符合社會的規範系統的要求的。這樣一來，說話者與聽者才有可能形成互爲主體的溝通關係。換句話說，哈伯馬斯認爲，一個成功的言辭行動，不只是說出合文法的句子，更重要的是當事者雙方都能進入彼此認同的人際關係中。而這種被認同的人際關係之所以可能，乃建立在說話者的言辭行動是否符合以下這幾種預設：(1) 可理解性 (comprehensibility)：說話者所說的句子必須合乎文法規則，以便讓聽者能夠了解；(2) 眞理性(truth)：發言的命題所指涉的對象確實存在，或其所陳述的事務狀態確實爲眞；(3) 眞誠性(truthfulness)：說話者眞誠地表露意向，以取得聽者的信任；(4) 適切性 (rightness)：說話者的發言，能夠符合聽者所遵守的規範系統——亦卽必須有共識，從而使聽者能很容易地接納他的發言。❻

　　在哈伯馬斯看來，當人的言辭行動一發動，企圖與別人進行成功的溝通時，他必須預設並且滿足以上四種條件。因此，以上這四種條件事實上是作爲「溝通能力」而存在每一個人身上的，而且可以在人們之社會生活中實際運作着。哈伯馬斯對人的「溝

❺ *ibid.,* pp. 27–28.

❻ *ibid.,* pp. 56–68.

通能力」的論述，顯示其受心理分析的影響很大，因爲哈伯馬斯相信人類具有進行理性溝通的能力，這除了延續啓蒙以來相信人類「理性」的傳統外，更是從對心理分析的反省所得的結論。

不管是哈伯馬斯對當代實證論的批評或是對歷史唯物論的批判，哈伯馬斯都是站在溝通理論的立場來進行。他批評前者把人的生活實踐化約爲技術應用的層次，從而忽略人與人之間的溝通互動實踐的重要性；而後者將人的生命實踐只化約爲（社會性）的工具性勞動，從而忽略掉從溝通互動的層面來了解人。此外，哈伯馬斯企圖擺脫僅從意識了解或詮釋的角度來了解人，他認爲必須從人的言辭行動的溝通實踐中來了解人。因此，哈伯馬斯乃提出普遍語用學(universal pragmatics)作爲溝通理論的基礎，而普遍語用學所着重分析的乃是說話者如何以一種可被接受的方式說出合乎文法的句子，並與聽者建立彼此認同的人際關係，亦即普遍語用學關心的不只是人的語言能力(linguistic competence)，而更是人的溝通能力。**❼** 哈伯馬斯認爲，人與人之間的語言溝通的最基本單元是言辭行動，一個理想成功的說話者，不只能夠依照文法的規則說出合乎文法的句子，而且能夠依照語用的規則(pragmatic rules)與別人建立合法的人際關係。語用的規則是相對應於語言之外（extralinguistic）的外在實體（或一般所謂的客觀世界）、內在實體（內心世界）和規範實體（社會生活世界）而形成的，其分別是眞理性、眞誠性和適切性等三個規則。**❽**

哈伯馬斯認爲，發言的普通語用功能計有三個：(1) 陳述某

---

❼ Thomas McCarthy, *The Critical Theory of Jürgen Habermas*. pp. 275–276.

❽ *ibid.*, pp. 279–280.

種事實的「陳述的功能」(representative function)；(2) 表達說話者主體意向的「表意的功能」(expressive function)；(3) 建立合法人際關係的「互動的功能」(interactive function)。❾ 第一種功能是對應於外在實體，因此必須滿足眞理性的要求才有可能產生；第二種功能是對應於內在實體，主在表明說話者的意向 (intention)，因此必須滿足眞誠性的要求才有可能產生；而第三種功能是對應於社會生活世界，因此必須滿足適切性的要求才有可能產生。

　　就由於日常語言的溝通要實現以上三種功能，因此，一個成功的言辭行動，不只是靠合乎文法的命題內容，而更依靠非語句部份(illocutionary component)去發揮影響力。❿ 合乎文法的命題內容，是說話者透過合乎文法規則的句子來陳述某些事實，而非語言部份，則是說話者透過非語句的行動去發揮非語句的影響力，從而建立說話者與聽者之間的合法人際關係。說話者的語句部份之所以能夠讓聽者接受，必須預設或滿足眞理性要求，而說話者透過非語句行動之所以能夠與聽者建立交互主觀的合法人際關係，則必須預設或滿足適切性的要求；至於說話者的語句部份和非語句行動之所以能夠被聽者接受，除了必須預設或滿足眞理性要求和適切性要求外，還必須預設或滿足眞誠性要求。如此一來，一個成功的言辭行動，除了必須預設或滿足合乎文法的可理解性要求外，還必須符合眞理性、適切性和眞誠性需求；不過，

❾ *ibid.*, pp. 281-282, Jürgen Habermas, *Communication and the Evolution of Society*. p. 28.

❿ Jürgen Habermas, *Communication and the Evolution of Society*. pp. 41-44, 59-65.

說話者在實際的言辭行動中，與別人進行溝通時，可因實際的需要強調語用功能中的任何一個，從而偏重於溝通的語句層次或非語句層次，並且形成解說性 (constative)、規約性 (regulative) 和表意性 (expressive) 的言辭行動。解說性的言辭行動，主要指說明、解釋、反駁或誌疑，着重實現陳述的功能；而表意性的言辭行動，主要是表達自己的情緒和意向，着重實現表意的功能；至於規約性的言辭行動，主要是指命令、要求、警告、勸告等，着重實現互動的功能。⓫

哈伯馬斯認爲，在現實社會中，對命題或陳述眞假的判斷，通常是在某種意識型態所塑造的背景世界中來進行；而這種背景世界往往是「扭曲的溝通」被制度化的結果。至於所謂的共識，更是以這種背景世界作爲橋樑而形成的，因此，這是一種背景式的共識 (contextual consensus)，但並不必然是一種理性的共識，而在背景式的共識中，被判斷爲眞的命題或陳述，都只是意識型態的眞 (ideological truth) 而已。就由於如此，在現實社會中，說話者往往並不能自主負責地保證溝通行動中的眞實性和適切性。

在哈伯馬斯看來，溝通行動中的可理解性和眞誠性容易獲得和解決，因爲前者如果發生問題可藉改寫、翻譯等補充技術來消除誤解；而後者如果發生問題，則可透過補救式的言行一致行動來重新獲得。⓬ 但是，眞實性和適切性如果發生問題，則不容易透過簡單的技術和實踐行動來解決。因爲，背景共識的被動搖，

⓫ *ibid.*, pp. 56-58.

⓬ Thomas McCarthy, *The Critical Theory of Jürgen Habermas*, pp. 288-289.

往往會導致溝通行動的中斷，而溝通的雙方很容易陷入極端主義之中。 此時， 若想使溝通行動繼續持續下去， 則必須在預設理性共識是可欲的前提下，溝通雙方進行反覆性論辯 (discursive argument)， 在互相攻錯中消除歧見， 重新達成一致性的意見和共識。❸但是， 哈伯馬斯認為， 這種反覆性論辯之所以能夠進行，必須置於理想的言談情境中才有可能。而所謂理想的言談情境指的是：(1) 溝通雙方在機會平等的基礎上， 從事言辭行動，任何一方都不能獨佔發言的機會；(2) 溝通雙方在機會平等的基礎上， 從事解說性的言辭行動（如，說明、解釋、反駁等），任何一方都能對對方的意見進行檢討或批評。(3) 溝通雙方都有同等的機會，使用表意的言辭行動，以使雙方都能相互了解；(4) 溝通雙方有同等的機會，使用規約性的言辭行動，以便排除只對單方面具有約束力的規範和特權。❹哈伯馬斯認為，在理想的言談情境中，由於自由、眞理與正義獲得體現，乃使得溝通雙方能在獲得「較佳之論辯的力量」 (the Force of Better Argument) 的情況下，達成理性的共識。

理想的言談情境既然是要體現自由、眞理與正義；那麼，進一步積極的推論是，理想的言談情境的落實必須在體現自由、眞理與正義的理想生活形式中才有可能 。❺ 不過， 在現實的社會中，這種理想的言談情境由於種種的限制，幾乎不可能存在，那麼，理想的言談情境是否只是一種烏托邦？哈伯馬斯認為，理想

❸ *ibid.*, pp. 291-292.

❹ 黃瑞棋，〈溝通與批判：哈伯馬斯社會溝通理論初探〉，臺北：國立臺灣大學社會研究所碩士論文，頁 101-102.

❺ 同❹，頁 103-105.

的言談情境雖然具有相當程度的脫離事實的性質；但是，它可作爲批評現實社會的判準，而且可作爲任何理性辯論的依據。⑯ 亦卽，吾人可根據理想的言談情境來批評現實社會的扭曲的溝通，從而透過實踐來逐步邁向建立理想的言談情境的目標。而這也就是說，理想的言談情境首先是與社會批判直接連繫在一起──尤其是有關意識型態的批判──自從社會批判中以及人具有歷史意識的實踐中，可以逐漸擺脫它的反事實性。

　　人作爲社會的存在，人是具有溝通能力的；但是，在現實社會中，溝通中的眞實性和適切性通常是在意識型態籠罩下呈現出來的；因此，所謂眞實性和適切性並不是在人的自主、理性的情況下來實現的。哈伯馬斯認爲，要使得人們從意識型態的籠罩下擺脫出來，就必須以理想的言談情境作爲判準，對現實社會進行批評，激起人們的自我反省和理性的判斷，從而訴諸具體的實踐行動。在哈伯馬斯看來，對意識型態的批判絕不能延用啓蒙和社會實證論者所採取的與傳統或意識型態一刀兩斷的天眞的作法，而必須透過歷史的回溯，從對歷史的詮釋中說明意識型態的來龍去脈，並且讓人們知道原來他們的思想行爲都不自覺地受意識型態的支配和影響，意識型態就如同自然般對他們的思想和行爲產生命運的因果作用。亦卽，哈伯馬斯的社會批判是以歷史意識（認爲社會可以從不合理變成合理）和歷史理性（人對自己以及其所創造的歷史和社會的認識能力）作爲中介，從而擺脫了啓蒙運動和社會實證論者天眞的一刀切的作法。

　　傳統或權威的形成，本身是經過人們理性批判的過程才確立

---

⑯ Thomas McCarthy, *The Critical Theory of Jürgen Habermas*, pp. 306–310.

的，⓭亦卽傳統或權威必須經過人們理性的判斷才得以不斷的進化發展，而傳統或權威如果被塑造成不容批評的政治秘思，那麼傳統或權威將在背離人們的歷史意識的情況下，與人們相隔離。傳統或權威從歷史中形成，它絕不能成爲禁錮人心的枷鎖，而必須在接受人們理性的批評和反省後面向未來。傳統或權威對人們的影響力，是透過符號系統和語言文字，體現在人們的思想行爲和溝通行動中；因此，必須以理想的言談情境作爲判準，對現實的溝通情境加以對照反省，從而指出傳統或權威（包括意識型態）對人們思想行爲和溝通行動的不必要的壓抑和束縛。不過，這必須憑藉吾人對人類存在的歷史狀況的熟悉力，才能深刻地揭開日常溝通背後的文化特性、社會觀念以及心理的壓抑，突破符號系統和語言文字的外在形式結構。

　　透過以上的論述可知，哈伯馬斯雖然也像啓蒙運動和社會實證論一樣對意識型態採取批判的態度；但是，哈伯馬斯排除了社會實證論和啓蒙運動對意識型態一刀切的作法，他受詮釋學的影響認爲，對社會進行批判時，必須配合歷史的詮釋來進行，當然他也認爲透過因果解釋指出意識型態對人們思想行爲的命運因果作用是絕對必要的。不過，哈伯馬斯反對實證論者把社會現象當作旣予的事實以及伽達默對傳統和意識型態採取過分接納態度的作法。哈伯馬斯認爲，透過理想的言談情境的預設，人們可以在理智上對社會現象和傳統或意識型態，保持批判的距離，從而不會因爲囿於傳統或意識型態的束縛，而無法推動和參與歷史傳統的進化。因爲理想的言談情境的預設，不但提供了人們歷史意識

⓱　張汝倫，〈理解：歷史性和語言性——哲學釋義學簡述〉，《復旦學報》（社會科學版），1984年第六期，頁 38-39。

的理性基礎，從而奠定了社會批判不會往絕對主義或集權主義發展；而且提示人們對人類未來理性社會可能發展的方向。因此，理想的言談情境並不是烏托邦，因為它並不排除歷史意識，而且希望透過理性的社會批判和實踐來逐漸體現它；此外，它也不同於祕思，因為它並不是一套不容人類理性置疑的情境，而反過來是一套奠基於人類理性反省能力之上的構設。最值得注意的是，它並不是另外一套意識型態，因為它強調的是讓人們能夠自主、負責而且理性的進行思想行為以及溝通行動，它本身是人們理性的溝通能力的直接體現，它不是作為某種理論或符號系統，從而對人們的思想行為和溝通行動起着自然因果般的決定作用。

第六章　結　論

　　哈伯馬斯是位具有濃厚歷史意識的思想家，他的歷史意識表現在對意識型態、馬克思歷史唯物論、實證論、德國觀念論，西方當代社會以及科技發展的反省與批評中；此外，哈伯馬斯更是一位企圖重建或發揚啓蒙運動的思想家，他紹繼了啓蒙的精神，在預設人可以成爲理性的人的前提下，肯定人具有理性的溝通能力，以及構作理想言談情境的可能，從而奠立了社會反省和批評的基礎；再而，哈伯馬斯是位相當強調實踐的思想家，他反對實證論者把人的整體生命實踐化約爲客觀知識的獲得與應用，他認爲客觀知識的獲得與應用只是人們整體生命實踐的一個環節而已，在人們的整體生命實踐中，我們必須透過對歷史的了解和理性的批評，不斷賦予社會合理性的現實意義，從而不但參與社會的發展與進化，而且讓人們獲得安身立命的生命場所。因此，在哈伯馬斯的人學體系中，人不只是理性的人，而且更是具有歷史意識的理性的人，這樣的理性的人，不但要對外在世界從事經驗分析、詮釋理解，而且更應對外在世界從事反省批評，一句話，具有歷史意識的理性的人，不是隨波逐流的人，而是能夠貞定住主體的自我反省能力的人。

　　筆者在本章「結論」中，爲了行文的方便起見，擬以條例的

方式來處理以下幾個問題：

一、哈伯馬斯與實證論的關係

　　哈伯馬斯批評實證論會導致客體宰制一切以及主體被獨立或中立的副作用；而且，哈伯馬斯認為，實證論者把社會當成自然一樣，對社會採取完全接納、肯定的態度，這與其企圖透過所謂科學的認知以便和意識型態一刀兩斷的作法是相牴觸的。因為社會事件所呈現的意義，或許就是在意識型態籠罩下的意義；因此，對社會事件採取肯定的態度，等於是把意識型態從前門踢出去，又從後門把意識型態找回來。不過，哈伯馬斯認為，實證論者認為吾人可以得到有關社會的客觀認知，這基本上是以「理性的人」作為預設的，這種預設確實可以作為批判反省之所以可能的依據和判準。但是，哈伯馬斯認為，實證論儘管承繼啓蒙的精神，提出「理性的人」這個預設，不過，却是從忽略人的歷史性來建構的；因此，實證論者所預設的「理性的人」是一種獨立於歷史 (history-independent) 之外的超時間 (timeless) 的人，在這種人學觀點中，做為主體的人的反省能力的作用，當然會受到忽略和抹煞。哈伯馬斯認為，不管是啓蒙也好，或是實證論也好，它們之所以知道要對傳統和意識型態採取批判，甚至絕裂的態度，事實上是已經對傳統和意識型態作了歷史的反省以後才有可能的；因此，人要作為理性的人，是在歷史意識的主導下，參與社會歷史的進化發展過程中表現出來的。而且，意識型態對社會所造成的傷害是扭曲溝通，要批判意識型態，就不只要以人是理性的作為預設，而且更要以人具有理性的溝通能力以及構作理想

的言談情境的可能性作爲預設，才有可能對意識型態進行反省和批判。

　　哈伯馬斯對實證論的反省，是想要貞定住人的主體反省能力，而他肯定啓蒙和實證論的「理性的人」的預設，是透過人是歷史存在、社會存在的角度來加以修正的。而實證論超時間的人學思想，導致對人的主體性的忽略，這毋寧是啓蒙的辯證發展（從人本立場發展到對人的主體性的忽略），哈伯馬斯想要賦予「理性的人」歷史意識和社會互動的意義，這表示哈伯馬斯企圖對啓蒙和實證論的人學體系進行辯證的綜合。

二、哈伯馬斯與意識型態的關係

　　哈伯馬斯從人的溝通互動的角度，將意識型態視爲系統的扭曲溝通。這是從意識型態的社會運作面來理解意識型態的，而哈伯馬斯之所以對意識型態採取如此的看法，與其說是對意識型態採輕侮的態度（pejorative），❶ 倒不如說只想對意識型態採取批評反省的態度，讓意識型態能夠對人的反省批判開放，使其因著人的理性反省和批判，成爲傳統或歷史中的合理的權威。或有人會認爲，哈伯馬斯的意識型態觀與馬克思並沒有什麼兩樣，這事實上是極大的誤解。因爲，哈伯馬斯並沒有像馬克思用相對主義的方法來處理意識型態的問題；而且，哈伯馬斯並沒有像馬克思

---

❶ H. Odera Oruka, "Ideology and Truth," *Praxis International* 5:1, April, 1985, p. 35. 此文作者認爲對意識型態有兩者極端的看法。其一是輕侮式的意識型態觀 (Pejorative view of ideology) 其二是虔敬式的意識型態觀 (Pious view of ideology)。

要與所有的傳統、權威相絕裂。此外，哈伯馬斯從預設人能從事理性的溝通出發，為意識型態批判奠定了基礎，從而將意識型態所造成的系統扭曲溝通，解消於理想的言談情境的構設中。理想的言談情境的提出，表明了哈伯馬斯企圖避免意識型態所造成的歷史循環悲劇（系統的扭曲溝通的不斷出現）。在哈伯馬斯看來，既然意識型態對社會的副作用是造成系統的扭曲溝通，對此現象的解決，必須透過理性溝通的重建，不過，這種重建之所以可能的基礎，並不是建立在打掉舊有的權力結構上面，而是建立在人相信理性溝通是可欲的，並且決定願意與別人建立理想的言談情境的實踐上。亦卽，如果我們把意識型態所造成的系統的扭曲溝通的「錯」一切推給歷史，從而企圖透過推翻這個歷史的錯誤來解決意識型態的問題，這是一種相當消極而且不負責的做法。相反地，如果要有積極負責的作法，就是要以理想的言談情境的構設，作為批判意識型態的判準和基礎，以及吾人社會實踐的道德目標。

此外，哈伯馬斯並沒有像馬克思將意識型態看成是真理的絕對倒置，是與真理背道而馳的。❷哈伯馬斯認為，意識型態在某個歷史階段中，會猶如自然般對人的思想行為發生影響和支配作用，此時，意識型態成為典範，而人們就活在其所塑造成的背景世界中，亦卽人們不自覺地就以它作為生活的動機和價值判斷的依據，從而形成一種典範式和背景式（paradigmatical and contextual）的判斷。此時，事實上並沒有「真理」的問題產生，而只有當進入批評、論辯的過程中時，才有所謂「真理」的問題存在，才能指出所謂扭曲的溝通的存在。「真理」基本上是個語用

<hr>

❷ *ibid.*, pp. 4-5.

學的概念，它並不能僅是符合事實或能接受經驗檢證而已；最重要的是，它是在理想的言談情境中進行辯論達成理性的共識的結果。❸

三、哈伯馬斯與科技的關係

儘管哈伯馬斯強調科技透過「科技意識」(technocratic con-sciousness) 的運作，會變成意識型態；但是，哈伯馬斯並不是要反科技，他主要的用意毋寧是要吾人不要有科學主義的心態，不自覺地變成科技豢養下的羊羣，亦即要貞定住吾人的反省能力，與科技進行對話，從而產生理性的批評，使科技的發展能夠一直在吾人的反省批評下，不會反過來成為支配、控制吾人的異己力量。

民國初年的科玄論戰，是在救亡圖存的嚴重危機意識下產生的， 其結果事實上是走入相對主義的漩渦之中； 今天， 我們的科技水平已有長足的進步和一定的水平，但是也產生了一些副作用，譬如生態環境的破壞以及科學主義的泛濫等等，要使得我們的科技能夠正常平穩的發展，就必須在強調發展科技之際，同時也允許人文反省以及對科技發展的理性批評——亦即必須讓科技和專家對反省批評力量開放，裨使我們能夠永遠成為駕馭科技的主體，而不會淪為科技的奴隸。

科技發展的貢獻是必須予以肯定的，科技發展對於傳統倫理道德的衝擊，對於社會生活的影響，對於生態環境的破壞也都必

❸ 黃瑞祺，〈溝通與批判：哈伯馬斯社會溝通理論初探〉，臺北：臺灣大學社會研究所碩士論文，頁 94-102.

須加以正視。目前，已經有所謂醫學倫理學，生態倫理學、優生學倫理學、宇宙航行倫理學的出現，這表示人類已經企圖努力地探討現代社會在科技衝擊下的新的倫理道德問題。

四、哈伯馬斯與伽達默

儘管伽達默從人是歷史存在的角度出發，企圖重建傳統與權威的歷史合理性，從而被哈伯馬斯批評爲描述主義和保守主義。不過，在很多方面兩者的思想是相通的，因爲：（1）伽達默的詮釋學將歷史的了解視爲生命的實踐，而且將生命的實踐視爲言談的實踐，這種言談的實踐能夠使吾人在溝通互動中展現吾人的歷史存在；而哈伯馬斯也強調他的批判理論是一種具有政治意向的歷史哲學——亦卽重視歷史的了解對社會批判的重要性；❹（2）伽達默將詮釋學視爲對吾人歷史存在的反省學問，而哈伯馬斯則將批判理論視爲對吾人社會存在的反省學問，兩者都着重對吾人生命存在的反省。人的社會存在之所以可能，必須以其歷史存在作爲前提；而人的歷史存在之所以可能延續發展，又是透過人的社會存在作爲中介；如此一來，吾人可以說，批判理論與詮釋學可以相得益彰，並沒有什麼扞格不入之處；❺（3）哈伯馬斯的批判理論著重對工具理性的批評，認爲工具理性會把人們的生活實踐化約爲技術應用的層次。而伽達默的詮釋學明白的指出解釋性

---

❹ Dieter Misgeld, "Critical Theory and Hermeneutics. The Debate between Habermas and Gadamer," in John O'neill ed., *On Critical Theory*. New York: The Seabury Press, 1976. p. 168.

❺ *ibid.*, pp. 168-169.

的了解與客觀化科技的應用的區別，這與哈伯馬斯指出溝通互動與客觀化科技的應用是人們不可相互化約的生活實踐層次的看法亦有其相通之處；❻（4）馬克思建構了歷史唯物論之後，從人是社會存在的角度，把人看成是現實社會規定的存在物，人變成是經濟範疇的人格化，或社會關係的人格化，經濟範疇或社會關係體現為人本身，亦即人是一定經濟關係和社會關係的承擔者；亦即，在某一歷史階段中，社會會成為獨立於個人之外的實體，這種實體可以對人發生猶如自然般的命運因果作用，此時，社會就猶如自然般地運作着，而歷史也以自然化的方式在發展着；只有當生產力發展到生產關係無法相適應的時候，社會才會由內在的潛在矛盾陷入鬥爭和革命之中。因此，在馬克思看來，社會研究者首先必須弄清社會對人的命運因果關係，說明社會猶如自然般的運作法則，而後才能進一步透過生產力和生產關係去發現隱藏在社會發展中的內在矛盾；亦即在馬克思看來，任意批評社會現象的不合理是違背客觀事實的，對社會的批判，必須後序於對社會客觀事實的反映，並與從生產力與生產關係的矛盾去指出社會的內在矛盾結合在一起。馬克思這種思想很明顯地暴露在他的《資本論》著作中；因此，哈伯馬斯乃批評馬克思犯了客觀主義的謬誤，而且從自然主義的角度抹煞了反省的作用，無法持續其早期的意識型態批判的看法。馬克思為何會犯了這種謬誤呢？乃因其強調生產力優位原則，從而把溝通互動化約為有組織的工具性勞動，而且忽略了人的歷史反省能力的重要。詮釋學強調人之所以是歷史的存在，乃因其具有歷史理性，透過歷史理性的了解和實踐，吾人才能承繼過去、活在現在，面向未來。因此，詮釋學

---

❻ *ibid.*

從人是歷史存在的角度出發，事實上可得到對馬克思客觀主義傾向的批評。❼ (5) 伽達默強調人是歷史的存在者，人是以歷史傳統的承擔者和背負者的方式來投入歷史傳統的進化過程中，亦卽人不可能以純粹主體的方式去獲得有關社會超時間的客觀知識，然後再把這種知識加以應用；而且，在伽達默看來，社會現象或事件本身亦是歷史的產物，它們也不是以純粹超時間的客體姿態出現；因此，絕不能從符合事實的角度去認定眞理就是與事實相符──這是一種忽略歷史意識的眞理觀。在人文研究和社會研究中沒有超時間的眞理的存在，因為任何一種了解都必須要預設前了解，並且在對前了解進行修正的同時投入了詮釋學循環（Herme-neutical circle）的過程中，成為此過程的一個環節。而哈伯馬斯也強調在日常生活中，人們的眞理宣稱往往却是在某種背景共識中來進行的，所謂眞理並不是純粹地所謂反映客觀事實，而是經過理性的反覆的論辯達成理性共識後的結果。❽ (6) 哈伯馬斯的批判理論是對歷史和意識型態的批評，這與啓蒙和社會實證論者持類似的態度；但是，就如前述哈伯馬斯的看法可知，哈伯馬斯是以理想的言談（或溝通）情境來解消意識型態的社會宰制問題。他並沒有像啓蒙或社會實證論想與傳統和意識型態一刀切，從而又墜入另一套意識型態中。因此，哈伯馬斯的批判理論乍看之下似乎是與啓蒙和社會實證論站在一邊而與詮釋學扞格不入；但是，哈伯馬斯企圖以理想的言談溝通來解消意識型態問題，這與詮釋學將了解視為人之所以為了的根本是有其相通之處的。❾

❼ *ibid.*, p. 169.

❽ *ibid.*, pp. 169–170.

❾ *ibid.*, pp. 170–171.

哈伯馬斯的理想的言談情境的構設，儘管與現實社會相對照是相當反事實的；不過，它的可貴之處也正在此點上，因為它可以作為社會反省和批評的判準，它對歷史的作用將比啓蒙或社會實證論的「理性人」的預設對歷史的影響更為遠大，因為它所強調的是具有歷史意識的「理性人」。

不過，由於哈伯馬斯對意識型態持批評的態度，而且沒有進一步去釐清意識型態與秘思、烏托邦的區別；因此，讓研究者無法從中得出有關意識型態的清晰的看法。因為，光講意識型態會造成系統的扭曲溝通是不夠的，政治上秘思或烏托邦的運作同樣也會造成系統的扭曲溝通，讓人的思想行為不自覺地受它們的影響。筆者認為，我們不妨依照前面章節中有關意識型態的說明，將意識型態理解為在某種精密的歷史觀的主導下所形成的一套在邏輯上具有一致性的符號系統，這一套符號系統將人對週遭環境的認知、評估以及對未來的憧憬，與集體的行動綱領結合起來，以便維繫（或改變）社會。依照這樣的界定來認知意識型態，並不與哈伯馬斯視意識型態會造成系統的扭曲溝通相違背；因為，哈伯馬斯認為系統扭曲溝通問題，是在吾人對意識型態真理宣稱發生質疑，從而進行批評，並且進行理性的反覆論辯中產生的。

此外，哈伯馬斯在「知識與人類興趣」中所建構的知識論，對於經驗分析性學問與歷史詮釋性學問的區分，批評者認為只是十九世紀以來，德國思想界中將「解說」(explanation)與「了解」(understanding)對峙起來的翻版；而雖然哈伯馬斯承認在社會人文研究中，經驗分析和歷史詮釋的途徑都有其必要性，但哈伯馬斯並未明確說明這兩種途徑如何（或是否）能夠在社會人文研究中融為一爐的。❿ 至於哈伯馬斯以心理分析做為可以達到「自我

反省」的解放式學問的典範的看法，批評者認爲是建立在哈伯馬斯對心理分析的誤解上。⑪ 而哈伯馬斯對實證論科學主義的批判，批評者也認爲籠統，因爲哈伯馬斯並未對十九世紀的實證論，二十世紀初的邏輯實證論等具有差異性的實證論加以區分，而採取一種不分彼此，一棍子全部打翻的方式進行批判。⑫ 哈伯馬斯所堅持的眞理是經過反覆理性論證的共識眞理，這固然是對實證論與事實相符的眞理觀的反動；但是，哈伯馬斯並沒有像庫恩那樣透過社會共同體（Social Community）實際的論辯過程來說明共識是如何形成的，哈伯馬斯只從形式的、抽象的語用學角度來加以論述。而且，哈伯馬斯認爲，當言辭行動中的眞理性和適切性受到挑戰時，必須透過座落在理想的言談情境中的反覆論證來加以挽救，他所指涉的問題給人的印象是專指一些可以被具體處理的事情，而沒有指涉到道德和美學方面無法被具體處理的問題；事實上，企圖透過論證來解決道德和美學上的問題是有很大困難的。批評者認爲，哈伯馬斯應該舉一些案例，來說明眞理性和適切性受到挑戰時如何透過反覆論證加以解危的情形。⑬

---

⑩ Tom Bottomore 著，廖仁義譯，《法蘭克福學派》，臺北：桂冠圖書公司，民國七十三年十二月，頁 82.

⑪ 同⑩，頁 83.

⑫ 同⑩，頁 78-79.

⑬ 同⑩，頁 86-87.

附錄一　哈伯馬斯年表

1923年　「社會研究中心」在法蘭克福大學成立，葛林柏格(Gr-
　　　　ünberg) 任主任。

1929年　哈伯馬斯生於德國杜塞爾多夫 (Dusseldorf)，年輕時代
　　　　在古倫梅斯巴赫 (Grummersbach) 長大。

1930年　霍克海默接任「社會研究中心」主任。

1933年　「社會研究中心」流亡至美國。

1949年　哈伯馬斯進入哥廷根 (Göttingen) 大學。

1950年　「社會研究中心」遷返法蘭克福。

1954年　哈伯馬斯完成大學論文《絕對者與歷史》(*Das Absolute
　　　　und die Geschichte*)

1955年　開始研究盧卡其 (G. Lakács) 的《歷史與階級意識》
　　　　(*History and Class Consciousness*)以及阿多諾和霍克海
　　　　默合著的《啓蒙的辯證》(*Dialectic of Enlightenment*)。
　　　　此外，他並研究青年馬克思和青年黑格爾。

1956～1960年　前往法蘭克福大學，師事阿多諾和霍克海默。

1961年　開始在海德堡大學任教（一直到1964年）並且出版《大
　　　　學生與政治》(*Student und Politik*)。

1962年　出版《公衆輿論結構的轉變》(*Struk　turwandel　der*

Öffentlichkeit)

1963年　出版《理論與實踐》(*Theorie und Praxis*)

1964年　離開海德堡大學，前往法蘭克福大學任教（一直到1971年）。

1967年　出版《社會科學的邏輯論集》(*Zur Logik der Sozial Wissen Schaften*)

1968年　出版《知識與人類興趣》(*Erkenntnis und Interesse*) 和《作爲意識型態的技術與科學》(*Technik und Wissenschaft als Ideologie*)

1969年　阿多諾去世，而哈伯馬斯出版《抗議運動與大學改革》(*Protestbewegung und Hochschulreform*)，關懷大學改革並批評六〇年代的德國學生運動。

1970年　出版《勞動、知識與進步》(*Arbeit-Erkenntnis-Fortschritt*)

1971年　出版《哲學政治學論叢》(*Philosophische-Politische Profile*) 和《社會理論或社會技術》(*Theorie der Gesellschaft der Sozialtechnologie*)，前往施坦恩堡主持「普朗克中心」。

1973年　霍克海默逝世，而哈伯馬斯出版《後期資本主義中的合法性問題》(*Legitimations Probleme im Spätlcapitalismus*)。

1976年　出版《歷史唯物論的重建》(*Zur Rekonstruktion des Historischen Materialismus*)，全面反省、批評並且企圖超越馬克思主義。

1981年　出版兩卷集的《溝通行動理論》(*Theorie des Komm-*

unikativen Handelns）。

1982年　離開「普朗克中心」，重返法蘭克福大學教授哲學和社
　　　　會學，並繼續深入建構其溝通理論。

附錄二　有關哈伯馬斯思想評介的主要參考書目

1. Dallmayr, Fred R. (ed.), Materialien Zu Habermas' 'Erkenntnis und Interesse', Frankfurt: Suhrkamp, 1971.

2. Dallmayr, Fred R., 'Reason and emancipation: notes on Habermas', *Man and World*, Vol. 5, no. 1 (1972).

3. Geuss, Raymond, *The Idea of a Critical Theory: Habermas and the Frankfurt School*, Cambridge: Cambridge University Press, 1981.

4. Held, David, *Introduction to Critical Theory: Horkheimer to Habermas.* 臺北: 唐山出版社, 1984.

5. Giddens, Anthony, 'Habermas's critique of hermeneutics' in Studies in *Social and Political Theory*, London: Hutchinson, 1977.

6. Görtzen, René and van Gelder, Frederick, 'Jürgen Habermas: the complete oeuvre: a bibliography of primary literature, translations and reviews', in *Human Studies*, Vol. 2, no. 4 (1979).

7. Keat, Russell, *The Politics of Social Theory: Habermas, Freud and the Critique of Positivism.* Oxford, Basil

Blackwell, 1981.

8. Kortian, Carbis, *Metacritique: The Philosophical Argument of Jürgen Habermas.* Cambridge, Cambridge University Press, 1980.

9. McCarthy, Thomas, *The Critical Theory of Jürgen Habermas.* Cambridge, Mass., MIT Press, 1978.

附錄三 哈伯馬斯著作簡要表
(經常被引用者)

1962 *Strukturwandel der Öffentlichkeit*, Neuwied: Luchterhand

1963 *Theorie und Praxis*, Neuwied: Luchterhand

1970 'On systematically distorted communication', *Inquiry*, Vol. 13 (1970); 'Towards a theory of communicative competence', *Inquiry*, Vol. 13 (1970). These two articles are reprinted in Dreitzel (ed.), *Recent Sociology*, New York (1972)

1970 'Summation and response', *Continuum*, Vol. 8, nos. 1 and 2 (1970)

1970 *Towards a Rational Society* (a collection of essays written in the middle and late 1960s) trans. Jeremy J. Shapiro, London: Heinemann

1970 *Zur Logik der Sozialwissenschaften*, Frankfurt: Suhrkamp

1971 *Knowledge and Human Interests*, first published in German 1968; trans. Jeremy Shapiro, London: Heinemann

1971 *Philosophisch-politsche Profile*, Frankfurt: Suhrkamp

1971 with Niklas Luhmann, *Theorie der Gesellschaft oder Sozialtechnologie-Was leistet die Systemforschung?*,

Frankfurt: Suhrkamp

1971 'Why more philosophy?', *Social Research*, vol. 38(1971)

1973 *Kultur und Kritik*, Frankfurt: Suhrkamp

1973 'Wahrheitstheorien', in H. Fahrenbach (ed.), *Wirchlichkeit und Reflexion: zum sechzigsten Geburtstag für Walter Schulz*, Pfüllingen: Neske

1973 'What does a crisis mean today? Legitimation problems in late capitalism', *Social Research*, vol. 40 (1973)

1974 'Habermas talking: an interview', interviewer Boris Frankel, *Theory and Society*, Vol. 1 (1974)

1974 'The public sphere', trans. Sara Lennox and Frank Lennox, *New German Critique*, Vol. 3 (Fall 1974)

1974 'On social identity', *Telos*, no. 19 (1974)

1974 *Theory and Practice*, abridged ed. of the 4th German ed. of *Theorie und Praxis* (1971), trans. John Viertel, London: Heinemann

1975 'The place of philosophy in Marxism', *Insurgent Sociologist*, Vol. 5 (1975)

1975 'A postscript to *Knowledge and Human Interests*', in *Philosophy of the Social Sciences*, Vol. 3 (1975)

1975 'Towards a reconstruction of historical materialism', *Theory and Society*, Vol. 2, no. 3 (1975)

1976 'The analytical theory of science and dialectics', in T. Adorno *et al.*, *The Positivist Dispute in German Sociology*, London: Heinemann

1976 *Legitimation Crisis* (first published in German 1973), trans. Thomas McCarthy, London: Heinemann

1976 'A positivistically bisected rationalism', in T. Adorno *et al.*, *The Positivist Dispute in German Sociology*. Previously published in A. Giddens (ed.), *Positivism and Sociology*, London: Heinemann 1974

1976 'Was heisst Universal Pragmatik?', in Karl-Otto Apel (ed.), *Sprachpragmatik und Philosophie*, Frankfurt: Suhrkamp. English translation in *Communication and the Evolution of Society* (1979)

1976 *Zur Rekonstruktion des Historischen Materialismus*, Frankfurt: Suhrkamp. Parts of this work have appeared in *Communication and the Evolution of Society* (1979)

1977 'Hannah Arendt's communications concept of power', *Social Research*, Vol. 44 (1977)

1977 'A review of Gadamer's *Truth and Method*', in F. Dallmayr and T. McCarthy (eds.), *Understanding Social Inquiry*, Notre Dame, Indiana: Notre Dame Press

1979 *Communication and the Evolution of Society*, trans. Thomas McCarthy, London: Heinemann

1979 'Conservatism and capitalist crisis', *New Left Review*, no. 115 (May–June 1979)

人 名 索 引

世界哲學家叢書 (七)

書　　　　名	作　　者	出版狀況
洛　爾　斯	石元康	已　出　版
諾　錫　克	石元康	撰　稿　中
希　　　克	劉若韶	撰　稿　中
尼　布　爾	卓新平	已　出　版
馬　丁・布　伯	張賢勇	撰　稿　中
蒂　里　希	何光滬	撰　稿　中
德　日　進	陳澤民	撰　稿　中

世界哲學家叢書(六)

書名	作者	出版狀況
皮亞杰	杜麗燕	撰稿中
馬利丹	楊世雄	撰稿中
馬賽爾	陸達誠	排印中
梅露·彭廸	岑溢成	撰稿中
德希達	張正平	撰稿中
呂格爾	沈清松	撰稿中
克羅齊	劉綱紀	撰稿中
懷德黑	陳奎德	撰稿中
玻爾	戈革	已出版
卡納普	林正弘	撰稿中
卡爾巴柏	莊文瑞	撰稿中
柯靈烏	陳明福	撰稿中
穆爾	楊樹同	撰稿中
維根斯坦	范光棣	撰稿中
奧斯丁	劉福增	已出版
史陶生	謝仲明	撰稿中
赫爾	馮耀明	撰稿中
帕爾費特	戴華	撰稿中
魯一士	黃秀璣	排印中
珀爾斯	朱建民	撰稿中
散塔雅納	黃秀璣	撰稿中
詹姆斯	朱建民	撰稿中
杜威	李常井	撰稿中
史賓格勒	商戈令	已出版
奎英	成中英	撰稿中

世界哲學家叢書 (五)

書　　　名	作　　者	出版狀況
盧　　　　梭	江　金　太	撰　稿　中
孟　德　斯　鳩	侯　鴻　勛	撰　稿　中
康　　　　德	關　子　尹	撰　稿　中
費　希　特	洪　漢　鼎	撰　稿　中
黑　格　爾	徐　文　瑞	撰　稿　中
叔　本　華	劉　　東	撰　稿　中
尼　　　　采	胡　其　鼎	撰　稿　中
祁　克　果	陳　俊　輝	已　出　版
約　翰　彌　爾	張　明　貴	已　出　版
費　爾　巴　哈	周　文　彬	撰　稿　中
恩　格　斯	金　隆　德	撰　稿　中
狄　爾　泰	張　旺　山	已　出　版
韋　　　　伯	陳　忠　信	撰　稿　中
卡　西　勒	江　日　新	撰　稿　中
雅　斯　培	黃　　藿	已　出　版
胡　塞　爾	蔡　美　麗	已　出　版
馬克斯‧謝勒	江　日　新	已　出　版
海　德　格	項　退　結	已　出　版
高　達　美	張　思　明	撰　稿　中
漢　娜　鄂　蘭	蔡　英　文	撰　稿　中
盧　卡　契	謝　勝　義	撰　稿　中
阿　多　爾　諾	章　國　鋒	撰　稿　中
哈　伯　馬　斯	李　英　明	已　出　版
馬　克　弗　森	許　國　賢	撰　稿　中
柏　格　森	尚　建　新	撰　稿　中

世界哲學家叢書(四)

書　　　名	作　　者	出版狀況
山　崎　闇　齋	岡　田　武　彥	已　出　版
三　宅　尙　齋	海老田輝巳	撰　稿　中
中　江　藤　樹	木　村　光　德	撰　稿　中
貝　原　益　軒	岡　田　武　彥	已　出　版
狄　生　徂　徠	劉　梅　琴	撰　稿　中
安　藤　昌　益	王　守　華	撰　稿　中
富　永　仲　基	陶　德　民	撰　稿　中
楠　本　端　山	岡　田　武　彥	已　出　版
吉　田　松　陰	山　口　宗　之	已　出　版
福　澤　諭　吉	卜　崇　道	撰　稿　中
西　田　幾　多　郎	廖　仁　義	撰　稿　中
柏　　拉　　圖	傅　佩　榮	撰　稿　中
亞　里　斯　多　德	曾　仰　如	已　出　版
聖　奧　古　斯　丁	黃　維　潤	撰　稿　中
伊本・赫勒敦	馬　小　鶴	排　印　中
聖　多　瑪　斯	黃　美　貞	撰　稿　中
笛　　卡　　兒	孫　振　青	已　出　版
蒙　　　　田	郭　宏　安	撰　稿　中
斯　賓　諾　莎	洪　漢　鼎	已　出　版
萊　布　尼　茲	陳　修　齋	撰　稿　中
培　　　　根	余　麗　嫦	撰　稿　中
霍　　布　　斯	余　麗　嫦	撰　稿　中
洛　　　　克	謝　啟　武	撰　稿　中
巴　　克　　萊	蔡　信　安	已　出　版
休　　　　謨	李　瑞　全	撰　稿　中

世界哲學家叢書 (三)

書　　　名	作　　者	出版狀況
智　　　旭	熊　　琬	撰　稿　中
章　太　炎	姜　義　華	已　出　版
熊　十　力	景　海　峰	已　出　版
梁　漱　溟	王　宗　昱	已　出　版
金　岳　霖	胡　　軍	排　印　中
張　東　蓀	胡　偉　希	撰　稿　中
馮　友　蘭	殷　　鼎	已　出　版
唐　君　毅	劉　國　強	撰　稿　中
賀　　　麟	張　學　智	已　出　版
龍　　　樹	萬　金　川	撰　稿　中
無　　　著	林　鎮　國	撰　稿　中
世　　　親	釋　依　昱	撰　稿　中
商　羯　羅	黃　心　川	撰　稿　中
泰　戈　爾	宮　　靜	已　出　版
奧羅賓多·高士	朱　明　忠	撰　稿　中
甘　　　地	馬　小　鶴	撰　稿　中
拉達克里希南	宮　　靜	撰　稿　中
元　　　曉	李　箕　永	撰　稿　中
休　　　靜	金　煐　泰	撰　稿　中
知　　　訥	韓　基　斗	撰　稿　中
李　栗　谷	宋　錫　球	排　印　中
李　退　溪	尹　絲　淳	撰　稿　中
道　　　元	傅　偉　勳	撰　稿　中
伊　藤　仁　齋	田　原　剛	撰　稿　中
山　鹿　素　行	劉　梅　琴	已　出　版

世界哲學家叢書 (二)

書　　　　名	作　　者	出 版 狀 況
朱　　舜　　水	李　甦　平	撰　稿　中
王　　船　　山	張　立　文	撰　稿　中
眞　　德　　秀	朱　榮　貴	撰　稿　中
劉　　蕺　　山	張　永　儁	撰　稿　中
黃　　宗　　羲	盧　建　榮	撰　稿　中
顧　　炎　　武	葛　榮　晉	撰　稿　中
顏　　　　元	楊　慧　傑	撰　稿　中
戴　　　　震	張　立　文	已　出　版
竺　　道　　生	陳　沛　然	已　出　版
眞　　　　諦	孫　富　支	撰　稿　中
慧　　　　遠	區　結　成	已　出　版
僧　　　　肇	李　潤　生	已　出　版
智　　　　顗	霍　韜　晦	撰　稿　中
吉　　　　藏	楊　惠　南	已　出　版
玄　　　　奘	馬　少　雄	撰　稿　中
法　　　　藏	方　立　天	已　出　版
惠　　　　能	楊　惠　南	撰　稿　中
澄　　　　觀	方　立　天	撰　稿　中
宗　　　　密	冉　雲　華	已　出　版
永　明　延　壽	冉　雲　華	撰　稿　中
湛　　　　然	賴　永　海	排　印　中
知　　　　禮	釋　慧　嶽	撰　稿　中
大　慧　宗　杲	林　義　正	撰　稿　中
袾　　　　宏	于　君　方	撰　稿　中
憨　山　德　清	江　燦　騰	撰　稿　中

世界哲學家叢書 (一)

書　　　　　名	作　　者	出版狀況
孟　　　　　子	黃　俊　傑	排　印　中
老　　　　　子	劉　笑　敢	撰　稿　中
莊　　　　　子	吳　光　明	已　出　版
墨　　　　　子	王　讚　源	撰　稿　中
淮　　南　　子	李　　　增	已　出　版
賈　　　　　誼	沈　秋　雄	撰　稿　中
董　　仲　　舒	韋　政　通	已　出　版
揚　　　　　雄	陳　福　濱	撰　稿　中
王　　　　　充	林　麗　雪	已　出　版
王　　　　　弼	林　麗　眞	已　出　版
嵇　　　　　康	莊　萬　壽	撰　稿　中
劉　　　　　勰	劉　綱　紀	已　出　版
周　　敦　　頤	陳　郁　夫	已　出　版
邵　　　　　雍	趙　玲　玲	撰　稿　中
張　　　　　載	黃　秀　璣	已　出　版
李　　　　　覯	謝　善　元	已　出　版
王　　安　　石	王　明　蓀	撰　稿　中
程顥、程頤	李　日　章	已　出　版
朱　　　　　熹	陳　榮　捷	已　出　版
陸　　象　　山	曾　春　海	已　出　版
陳　　白　　沙	姜　允　明	撰　稿　中
王　　廷　　相	葛　榮　晉	已　出　版
王　　陽　　明	秦　家　懿	已　出　版
李　　卓　　吾	劉　季　倫	撰　稿　中
方　　以　　智	劉　君　燦	已　出　版